高校校园文化建设与大学生素质教育实践

李 芳 康圆圆 刘梦晓 ◎ 著

吉林出版集团股份有限公司

版权所有　侵权必究

图书在版编目（CIP）数据

高校校园文化建设与大学生素质教育实践 / 李芳，康圆圆，刘梦晓著． — 长春：吉林出版集团股份有限公司，2024.4
ISBN 978-7-5731-4882-7

Ⅰ．①高… Ⅱ．①李… ②康… ③刘… Ⅲ．①高等学校－校园文化－建设－研究－中国②大学生－素质教育－研究－中国 Ⅳ．①G647②G640

中国国家版本馆 CIP 数据核字（2024）第 079264 号

高校校园文化建设与大学生素质教育实践
GAOXIAO XIAOYUAN WENHUA JIANSHE YU DAXUESHENG SUZHI JIAOYU SHIJIAN

著　　者	李　芳　康圆圆　刘梦晓
出版策划	崔文辉
责任编辑	杨　蕊
封面设计	文　一
出　　版	吉林出版集团股份有限公司
	（长春市福祉大路 5788 号，邮政编码：130118）
发　　行	吉林出版集团译文图书经营有限公司
	（http://shop34896900.taobao.com）
电　　话	总编办：0431-81629909　营销部：0431-81629880/81629900
印　　刷	北京昌联印刷有限公司
开　　本	787mm×1092mm　1/16
字　　数	250 千字
印　　张	14.5
版　　次	2024 年 4 月第 1 版
印　　次	2024 年 4 月第 1 次印刷
书　　号	ISBN 978-7-5731-4882-7
定　　价	86.00 元

如发现印装质量问题，影响阅读，请与印刷厂联系调换。电话：010-82751067

前　言

　　文化是每个民族和国家赖以生存、发展的重要基础。它不仅是人类伟大文明成果的一种浓缩式外展形式，同时也是人类认识客观世界、改造客观世界的工具和手段。文化是人类社会发展进步的重要内容之一，更是人类精神领域发展的重要标志。文化根据不同层面可以划分为不同类别，其中高校校园文化是为保证高校教育活动顺利进行而逐步形成的一种特有的文化形态，从属于亚文化体系。

　　校园文化作为课堂教育的补充，扩大了课堂教育的范围，弥补了课堂教育的不足，延伸了课堂教育的内容，使校园生活变得更加充实与生动，更加丰富多彩。丰富多彩的校园文化使大学生活变得绚丽多姿，每一个大学生都可以在校园文化活动中找到属于自己的一片天空，每一个大学生都可以发挥自己的个性、兴趣与特长。校园文化活动中可以让大学生的个性得到张扬，让他们的人格得到完善，让他们的能力得到提升，从而使他们健康成长。

　　高校校园文化不仅仅是校园内的物质文明和精神文明的总和，更是一种隐形的教育力量。它通过丰富多彩的校园活动、独特的人文环境和学术氛围，在潜移默化中熏陶和感染着每一位在校学子。优秀的校园文化不仅能够提高大学生的审美情趣、道德情操，还能激发他们的创新精神和实践能力，为他们的全面发展提供有力的支撑。

大学生素质教育实践是高等教育的重要任务之一，旨在通过一系列教育活动，使大学生在知识、能力、素质等方面能够得到提升。这一过程中，高校校园文化以其独特的魅力和功能，成为推动大学生素质教育实践的重要力量。通过参与校园文化建设，大学生能够更好地理解和践行社会主义核心价值观，提高自身的综合素质，为成为社会的有用之才打下坚实的基础。

由于笔者水平有限，书中难免存在一定的不足与缺陷，希望广大读者多提宝贵意见，以便不断改进和完善。

目 录

第一章　高校校园文化概述 … 1
第一节　校园文化的内涵 … 1
第二节　校园文化的基本特征 … 19
第三节　高校校园文化与社会文化的共性与差异 … 25
第四节　校园文化研究的意义 … 38

第二章　校园文化的结构和功能 … 41
第一节　校园文化的结构 … 41
第二节　校园文化的功能 … 48
第三节　校园文化的价值 … 54

第三章　高校校园文化建设概述 … 63
第一节　校园文化建设的含义和内容 … 63
第二节　校园文化建设的原则和意义 … 71
第三节　总体设计校园文化建设工程 … 77

第四章　高校校园精神文化建设实践 … 81
第一节　高校校园精神文化的内涵与特征 … 81
第二节　高校校园精神文化建设的途径及方法 … 96
第三节　大学生个性化心理健康教育 … 104

第五章 高校校园物质文化建设实践 ············ 116
第一节 高校校园物质文化的概念与特征 ············ 116
第二节 高校校园物质文化建设原则 ············ 132
第三节 高校校园景观建设 ············ 137
第四节 高校的图书馆建设 ············ 148

第六章 大学生素质教育研究 ············ 175
第一节 素质教育概述 ············ 175
第二节 大学生素质与素质教育 ············ 197
第三节 素质教育与人的全面发展 ············ 221

参考文献 ············ 223

第一章　高校校园文化概述

第一节　校园文化的内涵

高等学校要为培养社会主义一代新人而优化育人环境。文化社会学的研究为我们认识高等学校提供了新的角度，即校园不仅是一个教育环境，还是一个文化环境。研究校园文化能够使我们对影响人的全面发展的文化环境有科学的认识，从而为优化育人环境创造更好的条件。

一、高等学校是一个相对独立的文化环境

在校园文化提出以前，人们只注意到高等学校是一个教育环境，而育人环境的优化，往往习惯认为就是指教育环境的优化。当然，校园环境首先就是教育环境，而且凡是有教育活动的地方也就会形成教育环境。家庭、社会、学校中都有教育活动，都应该成为新一代成长的良好教育环境。但学校的教育环境，一般是指一种目标指向性很强的学校教育活动赖以进行的场所和条件。而高等学校校园里，除了有目的、有计划的教育活动之外，

还有其他的活动,如学术交流、公益劳动、人际交往、日常生活、闲暇娱乐等。这些活动虽然与教育有着紧密的联系,但不可能完全由教育者有计划、有组织地进行。因此,我们不能只用教育的规律来研究包罗万象的校园生活,有必要从文化的角度把校园作为一个文化环境来研究。

"文化"一词,广义指人类在社会历史发展过程中所创造的财富和物质、精神财富的总和。狭义上,文化更侧重于精神生产能力,包括一切社会意识形式,如自然科学、技术科学、社会意识形态,有时又专指教育、科学、艺术等方面的知识。由此出发,可以说文化环境是相对自然环境而言的,它包括了人所创造的物质财富和精神产品,还包括了人们的活动方式。

高等学校是从地域上相对独立的教育社区,在这一社区中活动的人们,大多具有共同的活动方式。高等教育活动使生活于校园的人们具有区别于其他群体的特点,体现在价值体系、思维方式、群体心理以及思想观念等上。高等教育的对象是趋向成熟的青年,他们不仅仅接受教育,而且积极地参与校园生活,给校园生活赋予新的特点和多彩的面貌。正是这些文化现象成为大学校园生活独具一格的标志,并造就了当代大学生与往昔所不同的、与其他社会群体相区别的精神风貌。高等学校是一个教育环境,同时它又是一个文化环境。从文化环境和教育环境两个不同角度,探讨育人环境是有区别的。

首先，学校教育环境是指教育活动赖以进行的场所，是教育者为获得预期的教育效果而设计和有组织地建设的。因此，它是以确定教育的目标和内容来规定的。而文化环境是指校园内客观存在的文化现象，它既包括教育者的主观努力，还包括更多的客观因素。它与社会文化现实和历史文化传统相联系，对人的成长既有积极的、正向的影响，也有消极的、反向的影响，而其影响往往是潜移默化的，不被教育者的主观意志所左右。这种影响与人的发展的一切方面相联系，但并不与教育者所规定的目标和内容完全一致。

其次，教育环境明确地规定了教育者和受教育者的地位任务，而文化环境中则更重视两者间的群体关系、双向影响。教育者和受教育者同样都是校园文化的主体，因此在文化环境研究中，应注重校园中人与人之间的和谐相处问题，而不仅是教书育人的问题。

最后，教育环境的提出是从教育学的角度出发，研究教育上共性的东西。而文化环境的提出则是从文化社会学的角度出发，研究各个学校校园文化的个性，着眼于各个学校的优良传统与鲜明特色，借以培养出不同层次、不同风格的人才。

校园文化是一种客观存在，不论你是否意识到它的存在，不论你是否有意识地去构建，它都在变化与发展着，并且无时无刻不在影响大学校园中的每个人。因此我们在高等教育改革中，不能不去面对客观存在的校园文化环境，不能不去研究现实文化环境对人才成长的积极的或消极的影响。

二、校园文化的界定

什么是校园文化？如何定义校园文化？在这个问题上，目前众说纷纭，如有人认为"校园文化是高等学校所具有的特定的精神环境和文化氛围"；有人认为"校园文化是在大学特区中生活的每个成员所共同拥有的校园价值观和这些价值观在物质与意识形态上的具体化"；还有人把校园文化分为广义和狭义两种，认为"前者指高等学校生活存在方式的总和，包括智能文化、物质文化、规范文化和精神文化四个方面，而后者指在各高校历史发展过程中形成的、反映着人们在价值取向、思维方式和行为规范上有别于其他社会群体的一种团体意识、精神氛围"，等等。

事实上，尽管对校园文化有各种不同的表述，但我们仍可以从中找出它们的共同点，这就是从文化环境方面来考察，要研究的内容是相当广泛的。可从以下五个方面来揭示校园文化的含义。

1. 属于广义文化的校园文化环境包括物质财富、组织制度和精神产品三个部分。

2. 高等学校的教育活动、学术活动及以教育、学术气氛都为这一文化环境打上了鲜明的标记。它是一种精神氛围和群体心态，不能以"第一课堂"

与"第二课堂"、"正规教育课程"（显性课程）与"非正规教育课程"（隐性课程）作为界限。

3. 校园文化的主体不只是大学生，还应当包括校园内的三种主要人群：大学生、教师、管理者。这三种人群虽各有其文化子系统，但在整体上应该有其必然的同一性，特别是后两种群体，的确在校园文化中有着举足轻重的位置。这不仅因为他们对学生的发展有着制约作用，也由于他们在校园中的时间延续性一般都优于学生。但从整体效应上看，校园文化的影响更重要的是体现于大学生群体上。

4. 校园文化包括组织制度。因为任何精神氛围总是要由一定关系的人群来表现。高等学校作为一种有着明确目标的社会团体，人们之间的关系在相当程度上要由组织制度来维系，这种存在方式极大地影响着人们的社会心态、思维方式和行为方式。

5. 一种文化的核心是一种价值体系。认为校园文化是大学生文化的提法，反映了大学生的自我意识以及对自身完善和全面发展的追求；提出校园文化的主体是以三个群体为代表的所有生活于校园中的人们，则是把学校作为一个系统，反映了它的价值体系和团体意识。校园文化的形成引导生活在校园内的每一个人去实现人生的价值，并且在高等学校目标的实现中，完成了每个人价值的实现。因此，一定的价值体系在校园文化的内涵中应占有核心位置。

综上所述，校园文化的含义可以表述为以下内容。

广义的校园文化是指高等学校生活的存在方式的总和。广义的校园文化是一种独特的社会文化现象，它体现了学校的精神风貌和文化底蕴，是学校发展的重要支撑和推动力量。

智能文化：学术水平。

物质文化：文化设施。

精神文化：校风校纪、道德、规范、价值体系、教育观念、精神氛围等。

狭义的校园文化是以大学生为主体，以课外活动为主要内容，以校园为主要范围，以校园精神为主要特征的一种群体文化。它是维系学校团体的一种精神力量，一种凝聚力。

在校园文化内涵中，文化活动是校园文化的重点，校园精神是校园文化的核心，文化环境是校园文化发展的条件。

三、高校校园文化内涵的哲学思考

作为高等教育和高校建设的有机组成部分，高校校园文化担负着为国家和社会培养专门高级人才的任务，"我们培养的大学生不仅要具有坚定正确的政治方向，扎实的现代科学文化知识和较强的能力素质，而且要具备现代观、现代人格及成熟的心理品质和高尚的道德情操，这种心灵的塑造是与优秀的校园文化氛围密切相关的"。如果说高校校园文化是高等教育的一个起搏器，那么高校校园文化的反思与创构则是当代高等教育改革实践的一个重要理念先导。如何在知识信息化、立体化、信息多元化、全球化的新世纪里把握高校校园文化的功能与导向，成为一个现实的重要课题。同时，"教育研究并不只在于达成有关'何为教育'的学理，而且还应达成'如何教育'以及'为何教育'的智慧与觉悟。教育研究应当贯通哲学、艺术、科学、宗教的前沿问题，进而传达人类的真知、道德与情操"。因此，对高校校园文化内涵哲学的审视与探讨，正是高校校园文化教育、建设、实践、研究和教育理念历史演化的逻辑积淀。我们试图从创造个性和民族本性两个层面，参照新世纪时代精神和社会发展变革走向，以人类学、社会学、教育文化学、教育哲学为聚焦点，对高校校园文化内涵的哲学界定做一个勾勒框架。

（一）创造个性：高校校园文化的人文使命

教育的基本文化功能是人类文明的延续与发展，教育的主体行为动力是对传统的尊重和推动人类文明延续与发展的使命感。从这个意义上说，高校校园文化履行和完成的是一种文化使命和文化任务，对人的教育关怀乃是校园文化人文本性的实质。而"人是一个非现实的潜在的创造者，教育是实现人由潜在创造者变为现实创造者的主要途径"。如果说培养全面发展的人和实现人的全面发展是高等教育的根本任务，那么培养具有创新精神和实践能力的人则是当前高等教育改革的主旋律。高校校园文化要保持自身的特殊文明形态和文化群落的人文本性,就必须要承担起以人的"创造个性"为关注对象的人文使命。"校园文化建设的核心是广大青年学生的生活及其素质的开发。这就告诉我们,加强校园文化建设必须确立以青年学生为主体的观念。"对青年大学生主体创造个性的召唤,实际上是对校园文化人文使命精神内核的弘扬。创造是人类永恒的生命活动,是人类本性的本质力量的最高表现,人的个性本身又是创造,是生命之花最灿烂的开放。当代校园文化是以促进人的生命化、文明化、社会化、现代化的教育,就是以一种人文关怀的视角,以人为本,尊重人的主体性,以促进人的创造的个性和个性的创造发展为根本。创造是主体性发展的最高形式,个性是主体性张扬的鲜明标志,培养、发展主体的创造个性是当代校园文化理应追求的教育目的和人文理念。教育改革一个极其重要的内容和目标,就是要因材施教,发展个性,培养具有独立人格、竞争意识和创造精神的人才。这是检验校园文化建设的重要尺度。

我国著名教育家陶行知早在1943年就发表了"处处是创造之地,天天是创造之时,人人是创造之人"的创造宣言。高校校园是知识密集、信息多元、思想碰撞的智能基地,青年大学生思想活跃、年龄相近等特点使校园文化呈现出活跃性、创造性、超前性和丰富性的特点,"开展校园文化的过程,实际上就是学生自我表现、自我教育、自我管理、自我提高、不断社会化的过程"。

青年大学生是最鲜活的生命本体和最生动的文化实体，是校园文化最热情的需求者和最积极的创造者，是最具竞争心理、挑战心态、开拓意识、批判勇气和创新精神的实践群落。高校校园文化最现实的生命力昭示和最生动的价值性展现就是青年大学生创设的校园文化实践，如学生社团、艺术节、运动会等。高校校园文化洋溢着大学生创造的个性，贯注了大学生个性的创造，其间既体现了大学生个性倾向的思想和需要、目标，又体现了个性活动效率特征的能力及其相应的知识，还有个性行为方式的特征、性格、气质。这种创造个性从某种程度上来说是大学生生命主体形象的设计和诠释，又是其知识文化底蕴和潜能素质的外化与彰显。

事实上，以大学生为主体的校园文化实践，是大学生的一种主动选择的自我安排，也体现了大学校园社会群体及文化环境对个人的认可、接纳和尊重。在这里，学生的主体意识能够得到充分自由发挥和创造。高校校园文化究其本身，与其说是为大学生提供一个育人的环境，不如说是提供一个创造的环境。如果说"教育的任务是毫无例外地使所有的人的创造才能与创造潜能都能结出丰硕的果实"，那么，校园文化则是展示学生潜力、实力与能力的现实舞台，也是他们创造意识、创造精神、创新思维、创新能力的最优化选择。此外，校园文化正是学生主体的实践能动性的体现。这种实践能动性又是根源于主体的创造个性，构成了推动校园文化进程的真正动力。其在实践过程中的能动性乃是不断超越自我并使操作更具主体人格魅力和创造个性动力的过程。"只有通过实践方式，只有借助人的实践力量"，校园文化才能获得从精神效应到物质效应最完满的品格和最鲜活的动力。高校校园文化的这种人文使命，乃是将大学生的注意力和智力都接近于从事最严谨的科学研究和最生动的艺术创造所需要的那种精神状态和主体态度，这是人格力量全面有力的渗透，是个性素质自由的完满激扬，从而能使大学生在求真的真诚、向善的热忱中达到一种审美自由的享受和审美享受的自由。

高校是以学生为主体、建构学生亚文化群的自我教育的实践体系，又是以人为根本、建构生态文化的育人工程。以创造个性作为自己的人文使命，是高校立足于人的潜能素质开发和个性化塑造的教育实践活动，既是大学生素质的文明化、社会化，又是大学生个体的生命化、主体化。创造个性是人的发展的本体、原型和潜能，高校校园文化这种人的发展培养与教育就是人的创造个性在校园文化实践活动中由潜能转化为现实、由本体提升为主体的过程。人是创造个性发展的主体，创造个性是人的发展的体现。青年大学生的人格素质结构和自我教育潜能是高校校园文化的主体性教育资源，高校校园文化教育本质上是作为主体的大学生在校园文化实践活动的个体自觉学习、自主交往、自我确认、自我选择和自由创造的过程。大学生不只是一个认知主体，还是一个完整的生命机体。其创造个性的精义在于人的自身素质结构的完善和提高，而人的素质又是一个身体素质、心理素质和文化素质动态同构的统一整体，高校校园文化正是着眼于激发和拓展他们创造个性的生命潜能。"教育本身就是人类最伟大的创造"，教育又是"人之自我建构的实践活动"。高校校园文化在内涵上更多地被时代强化了教育与生俱来的人文精神意义上的教育使命——对大学生主体性的尊重与肯定，对大学生创造个性的呵护与挖掘，将人的生命力、创造力、价值感唤醒，使其具有对真善美的永恒追求以及对终极意义的人文关怀。这也就使校园文化具备了人本关怀视野中终极旨归的哲学意蕴。

马克思认为，人类"生产生活活动也就是类生活，这是创造生命的生活。生活活动的性质包含着一个物种的全部特性，它的类特性，而自由自觉的活动恰恰就是人的类特性"。人的现实的、创造的、自觉的、自由的活动是人生存和发展的前提和基础，也是使人类精神获得个体多样性和创造性的动力源泉。因此，创造个性是高校校园文化得以流动和丰富多彩的实际支撑点和生长点，也是指向人的生命层面的一种终极关怀。人是现实生存生活的内在灵魂，是支撑一个国家、社会、民族发展的核心动力。

创造个性，是对创新的主体界说，既是作为创造的主体进行个性化的创新，同时又是青年大学生智性与灵性的本质表征。高校校园文化通过物质的、精神的、制度的各种载体从现实的社会发展和个体自身需要出发，使人获得理性的、诗性的、情感的、精神的健康发展。高校校园文化要承担起"创造个性"的人文使命,应该给予青年大学生独立人格的思维空间,给他们提供自由选择的机会和自我展现的天地,鼓励他们积极参与、主动发展,肯定他们的个性、能力、创造性成果,从而在人的全面发展的教育理想和个性发展的教育哲学的观念中,实现当代大学生素质社会化和个性化创造的双向同构。

(二)民族本性:高校校园文化的教育归属

人类文化学之父泰勒最早揭示出文化的教育潜能:"文化,是人类以社会成员的身份习得的复合性整体,包括知识、信仰、艺术、道德、法律、风格和其他一切能力和习惯。"每个民族每个时代的文化成果不可能依靠人的生物性遗传去推陈出新和薪火相传,而必须是人类个体以社会成员的身份在教育过程中获得经验的转化、完成和实现。正是文化以教育为中转站,把人类富有个体素质潜能的自然人变为具有现实文化素质的社会人。高校校园文化是作为一个民族千百年来认识世界和改造世界的社会文明实践成果,以文化传统为中心、以校园教育为中介的族体文化心理结构的历史积淀,是在一种独特的民族群体文化生态中孕育成长的亚文化形态。从教育文化学意义上说,高校校园文化也正是立基于民族的教育文化与民族的文化教育互为选择的动态同构过程中功能耦合的黄金分割点:一方面,人类借助文化成果教育年青一代,塑造新人;另一方面,人类又借助教育传递、交流和创造新文化。而校园是教育的主要基地,校园文化责无旁贷地肩负起育人使命，特别要使"大学校园文化在弘扬中华民族优秀传统文化的过程中，发扬民族精神，汲取历史智慧，探究人生哲学，教育大学生追求崇高的人格境界，引导他们积极投射到新时期的伟大创业之中"。

高校校园文化是民族本性的具体式样和动态内容，既是民族文化传统的再造性载体，同时又是现实文化生活的选择性载体，弘扬民族本性与特质的校园文化精神理念、价值选择、文化内核弥漫于高校校园生活中。高校校园文化以深邃厚重的历史内涵和开拓进取的时代底蕴，构成了高校校园文化的精神底色和校园文化实践与教育活动的现实舞台。"弘扬传统文化的优秀内容，也就是校园文化建设的主要内容。校园文化强调团结、和谐的人际关系，正确的学风、校风和勤奋、自强不息的精神面貌，这都源于传统文化的民族基本精神和心理状态、价值取向。"对此应该说，当代大学生的总体文化心态与改革相连，与时代同步。

从本质上说，高校校园文化是根植于民族的话语系统和文化土壤中的一个选择、传递、交流、重构和创造民族新文化的教育制度和文化模式。作为校园文化的主体，师生的首要任务就是接受、吸收文化营养，提高文化素质。传统文化既是师生吸收的主要文化部分，同时又是对根植于其中的每个成员的一种熏陶。高校校园文化体现着一个民族传统文化的价值取向，并以高校教育这种特定的教育内容和方式使传统文化在下一代得以再生。高校校园文化教育会自觉地保持自己的民族文化趋向，从而把本民族特有的价值观念、思维方式、民族语言、风俗习惯传递给下一代。这对处于社会与学校接棒期的青年大学生来说,在民族文化土壤的校园文化教育中成长起来的新一代,对民族文化具有强烈的自尊心和归属感。"中华民族优秀的传统文化塑造校园文化的民族特色,使我国大学校园文化参与世界文化交流时,保持鲜明的民族个性,这既增强了民族的自豪感和自信心,又为丰富世界文化做出了贡献。"可以说高校校园文化既是民族文化魅力与魄力的时代缩影,又是民族文化传承与嬗变的精神折射。民族本性,与其说是高校校园文化的生命母体,不如说是高校校园文化的教育归属。民族本性既是高校校园文化民族化特色的立足点,又是高校校园文化现代化显示的生长点。抛开这一特定的传统文化背景,没有传统文化的滋养,不对传统文化中的优秀部分进行继承和发扬,校园文化的现代化将无所依,从而成为空中楼阁,必然缺乏生命力。因此,完全可以说,承认民族本性是高校校园文化的教育归属。这既是社会发展的时代选择,又是国民教育的现实觉醒。

人类进入21世纪,便置身于知识经济的崛起、信息时代的显现,特别是以互联网为标志的数字化、技术化、全球化的宏观背景下,当代文化发展的趋势是人类文化在兼收并蓄的同时保持一种传统文化与现代文化、本族文化与外来文化相互开放、共同借鉴的多元文化并存的基本态势。全球化和信息化是今天高等教育面临的现实,高校校园文化作为社会发展的晴雨表和观念更新的瞭望口，必将经历文化继承与变革的民族化与国际化的挑战与洗礼。一方面，高校校园文化会源源不断地从社会中统摄、选择、传播和融合民族文化和外来文化；另一方面，高校校园文化又生生不息地在教育实践活动中挖掘、传承和创造着具有民族特色的亚文化。从这个意义上说，对民族文化的选择、重构和创新，乃是高校校园文化民族本性的功能规定和价值界定。

高校校园文化是以博大精深的社会主义为背景、以源远流长的民族文化为土壤，但又不是民族、社会文化的简单复制品，而是对既定民族、社会文化的选择、重构和创新。因为教育是面向世界、面向未来、面向现代化的，青年大学生又处于社会化、成人化、现代化以及世界观、人生观、价值观日臻完善、成熟的关键期，要适应社会变革和人才发展的趋向，高校校园文化必须在既定文化选择中重构民族、社会的新文化。高校校园文化既不是"桃源文化"，也不是"围墙文化"，而且只有相对地看待本国文化，谋求同世界多元文化的接触交往，才能使一个民族的青年一代知觉敏锐、视野开阔，感受到全人类文化的博大精深的生气勃勃的力量。如果说高校校园文化的民族化着眼于在传承和活化民族文化传统中，实现民族传统文化的现代化，那么高校校园文化的现代化则是在民族文化的反思和重构中，去实现现代高校校园文化的民族化，因为"无论创新什么性质的新文化，中国特色的社会主义原则不能丢；有益于我国的文化向良性方向发展不能忘记"。这既是高校校园文化教育归属上的基础本位，又是民族本性上的创新本位。

高校校园文化，事实上是在对大学生进行科学文化素质、思想道德素质、身体心理素质进行培育的基础上，对其民族情感情操的熏染与塑造。校园文化的这种民族本性，其核心乃是：对青年大学生个性化品质、能力与创造性思维的智慧素养和现代性的民族智慧、民族意志、民族情感的人格素质的教育体认与归属。具有高尚的民族精神、爱国情怀的教育，是高校校园文化民族本性亘古不绝的主旋律，"通过寓教于乐、寓教于文的民族文化形式，来宣传爱国主义、社会主义，弘扬民族文化，提高学生的民族文化素质，是今后校园文化的一个重要内容"。

四、"校园文化热"的启示

随着改革开放的深入，在大学校园里掀起了一股不大不小的"校园文化热"，其典型表现如下。

第一，人文和社会科学选修课，特别是艺术类选修课大受欢迎。上海交通大学面向理工科学生开设了山水国画、人物国画、指挥基础、管乐合奏等19门课程，其中面向研究生的钢琴选修课已开设数年，培养了一批批钢琴爱好者。每年修课结束，参加该课程的学生都会做专场结业演出，受到了师生的一致好评。清华大学面向理工科学生开设了六七十门人文社科选修课，普遍受到学生欢迎。全校性人文社科选修课分为四级：①历史与文化；②文学与艺术；③哲学、政治、思想、道德；④经济管理。其中，

《科学家成功之路》《经济学原理》《管理学基础》《中国古代史》《西方通史》《中国古代诗歌研究与赏析》《西方现代哲学》《美学讲座》《中国音乐赏析》《中外名歌学唱与乐理知识》《舞蹈知识与实践》《青年心理学》《欧洲古典音乐名作欣赏》《色彩写生与创作》《小提琴艺术实践》等均大受欢迎。

第二，学生社团蓬勃兴起。改革的时代呼唤着人们的选择意识，青年学生自我选择、自我实现的意识尤其强烈。在这个背景下，基于共同的兴趣、爱好组织起来的学生社团，像雨后春笋般，蓬勃兴起。如清华大学学生科技协会、北京大学文学社、上海交通大学机器人协会、浙江大学绿源环保协会、复旦大学辩论社、南京大学戏剧社、厦门大学帆船协会、中山大学创业者协会、北京航空航天大学航空模型协会等。学生社团给予了大学生施展各种才华的舞台，给予了大学生之间广泛接触与合作的机会，不仅极大地丰富了校园生活，也使学生有效地增长了知识和才干，陶冶了性情，净化了灵魂，提升了品德。

第三，校园文化节日竞相推出。随着各种社团活动的日益活跃，学生从多方面完善自我的愿望日益迫切，各个大学校园相继推出了盛大的文化节日。在艺术节里，一方面请社会上著名艺术家和著名演出团体来校演出，给校园带来高雅的艺术享受（交响乐、独奏、独唱、朗诵、舞蹈）。另一方面是学生群众性的文化活动，诸如讲演比赛、辩论比赛、交谊舞大赛、大合唱比赛、校园歌手大奖赛、书法绘画比赛、摄影比赛、棋类比赛、社团文艺会演等。学生既是观众又是演员，在娱乐和比赛中，在潜移默化中受到真、善、美的熏陶。文化节成为校园生活中绚丽多彩的一页，往往会给学生留下刻骨铭心的美好回忆。值得一提的是清华大学的"挑战杯科技活动月"和浙江大学的"电脑节"，把科技活动、学术活动推向高潮，不仅进一步推动了良好学风的形成，而且使文化节摆脱了单一文艺性质，具有更深刻的内涵和更深远的育人效果。

第四，校园内的文化寻根活动方兴未艾。在改革开放过程中，青年学生在关注发达国家的经济文化以及反思我国所走过的道路的同时，不约而同地把视线集中在自己成长的环境——学校。他们在评价学校工作现状的过程中，自然对它的过去产生兴趣——学校诞生在什么历史时代？建校的宗旨是什么？学校的传统是什么？长期形成的价值观体系和生活样式以及校园气氛是什么？……所有这一切，我们可以把它叫作校园内的文化寻根活动。这一活动往往会在一年一度的"校庆"纪念日达到高潮。

校园内的文化寻根，是校园文化生命力的表现，也是校园文化生动感人的内容，更是校园文化延续和发展的保证。校园文化的兴起，给予了我们深刻的启示。

第一，校园文化热并不是孤立兴起的，它是与企业文化热、社区文化热同时发生，互相促进，遥相呼应的。近年来，文艺演出进入校园，学生文艺社团深入企业，这是一种很好的现象。随着改革开放的深入展开，我国的经济体制发生了巨大变化，教育体制也处在深刻变革之中。就其本质属性而言，改革都意味着文化的更新，校园文化热、企业文化热只是文化更新大潮中的几朵浪花。校园文化热、企业文化热正是群众以自己的文化实践，推动社会主义精神文明建设的有组织的文化行为，其社会意义是十分深远的。

第二，校园文化热对高等学校的德育创新的发展，也是一种催化剂。

"四时有不谢之花，八节有长青之草。"改革，体制的转换，恰似四季更替，而教育，特别是学校德育，应是不谢之花、长青之草。但它应有一个前提——适时地改变自己，以创新不断得不谢，以发展求得长青。

第二节 校园文化的基本特征

高校校园文化是一种新兴的教育管理和学校管理文化现象，它使用文化的手段来促进人才的全面发展和现代学校教育管理。同其他部门文化相比，颇具自己独立的品格，即质的规定性。

一、载体的特殊性

大学生是一群高文化层次的青年，不仅年龄相差无几，还有相似的心理特征，共同的食宿、学习、娱乐规律，形成了共同的价值观念、思维方式和生活习性，更有对美好生活的追求。

在这样一个特定文化环境中,各种文化在校园里迅速传递着。学生是校园文化的载体,离开了他们也就无所谓校园文化了。由此,他们决定了校园文化的内容的整合性和形式的多样性。教育作为文化的重要载体,具有继承和传播文化的功能。这决定了校园文化内容具有集合性的特征。从纵向看,校园文化汇集着人类历史优秀的文化遗产和当今人文与自然科学精华。从横向看,校园文化融合着中与外、校园与社会丰富多彩的文化精华:有传播马克思主义科学世界观和方法论,认识社会发展规律的政治文化;有旨在创建一个治学、授业、学术交流、学术争鸣、发展科学的科学文化;有在法律允许范围内出现的政治、文化、学术、艺术等方面社团组织的组织文化;有通过各种文学艺术活动而建立起来的艺术文化;有由各种利于师生身心健康的体育组织、体育活动、体育竞技形成的体育文化;有由各种严密的规章制度及其管理所形成的制度文化;有由特有物质设施、校园布局和校园美化等方面形成的设施文化;等等。概而言之,校园文化是智能型知识文化、素质型心理文化、情感型审美文化、协同型文体文化、技术型物质文化建构而成的文化集合体。与内容的丰富多彩相对应,校园文化的形式多彩纷呈。从存在形式看,有物质形式,包括各种教学、科研管理、生产和生活资料、校园环境,以及由各种印刷的、音响的和声像系统所组成的学术传播媒介;有制度形式,包括各种规章制度,教学、科研、管理、生产和生活模式,群体道德规范,行为准则,时尚风俗,交际、交往方式等；有精神形式，即校风、学风、教风、领导作风等。从文化发生的地点看，有课外文化和课堂文化。课外文化是学校师生在课余开展的学习、文体、娱乐、社会实践等形式的活动所形成的相对稳定的文化氛围，是课堂文化的自然延伸和有益补充。课堂文化与课外文化的协调配合，共同形成健康的、良好的整体校园文化形态和氛围。从活动方式看，有课堂教学、学术、讲座、社团组织、文体活动、社会实践校园文化等，"百花齐放，百家争鸣"，多方面去满足师生的文化要求，使校园文化充满生机。

二、先锋导向性

与社会的其他文化形态相比，高校校园文化是一种更为开放的系统。这是因为：一是学术具有与社会文化包括外来文化接触的优越条件；二是校园文化的主体处于较高文化层次，一般多表现为思想活跃，敢于改革，敢于开拓，能走在时代前列，开一代新风；三是青少年学生敢想敢做，对新思想、新教育，能够迅速反映科技发展、学术研究、社会思潮的新动态、新发展和新成果，从而推动社会主义精神文明建设。如五四运动的发源地北京大学，就拥有一种优秀的文化氛围，造就了一批批优秀的人才，他们在中国革命史上留下了光辉的一笔。

三、主客体的统一性

大学生在高校校园文化中，既是创造者，又是受教育者；既是高校文化的主体，又是高校校园文化的客体。这种主客体双重角色统一是其他文化所不具备的特点。这主要是由于大学生在高校校园文化中的主体作用非常强大。大学生的文化素养对社会新鲜事物的敏感程度是其他如企业文化的载体所无法比拟的。

四、对外的独立性与对内的一致性

校园文化以其独特的文化创造为标志，它对外充分地显示了其特性。特性是一种创造活力，一种对目标的追求。任何一所成功的高校，都是在扬长避短的策略指引下，形成自身独特的风格，并在社会竞争中独辟蹊径，走出一条有着自己鲜明特色的道路。正是这种鲜明的特性，使其内部形成一种强大的向心力。人们对校园文化的认同，是对蕴含在其深层次中的价值体系的认同。大学生对其历史的荣誉感，对其组织的归属感，对其整体的责任感和对其他成员的亲密感，就是对校园文化认同的表现。校园文化越完善，其对外的独特性越鲜明，内部的一致性也就越强烈。

五、严谨的学术性

校园是一个相对独立的、稳定的区域，校园生活与社会生活在内容上有很大差异。高校的校园活动是以传递专业知识的教学及学术上的研究为主的，这是高校校园文化区别于其他社区文化的基本方面。历史上，正是大学的学术氛围和传统，才使得大学的教育和教学具备规范性，使大学得以在某种理想状态下能够去进行深入的、高层次的、较为客观的科学研究，大学乃是"一切知识和科学、事实和原理、探究和发现、实验和思索的高级保护力量"。

现代大学已不再像以往那样游离于社会经济发展之外，也不再是关起门来潜心研究学问的象牙塔。现代大学的学术性要体现在服务于社会和促进社会发展方面。在知识经济时代，经济是以知识的传播、生产、应用和消费为核心的。从这个意义上讲，社会将大学的学术性提到了空前高度。因此，在高校校园文化的价值取向上应体现出重视学术问题。

高校校园文化的学术性，既具有规范的特质，同时又具有创造的特质。如果把学术仅仅视为一系列规范的认识结果，则高校校园文化就会失去活力，应把高校中的学术活动看成是生动活泼的创造过程。

六、开拓创造性

　　人类文化是人类社会生活与实践的结晶，没有人类就没有人类文化。而作为文化载体的人如果缺少创新活动，人类文化的更新与发展就会受到一定限制。因此，高校能否培养具有创新能力的人才，直接决定着该民族文化的发展速度及发展进程。

　　大学生是文化知识积淀与智慧素质在一定阶段结合的产物。处在高校文化环境中的大学生，他们的科学知识正处于活跃积累时期，他们有着对理想追求的纯真热情。由于在短时期内大量多线索的文化知识体系奔涌而至，面临着走向社会运用这些理论去实践的课题。因此，随着智力潜能的开华，大学生审视原有知识的科学性，试图寻求走向未知的方式与途径，开始了以选择、判断和形成自己独立见解为特征的学习。随着个人认识能力和自主意识的增强，讨论问题的深入，对学科发展的来龙去脉，对现存文化的价值，对理想、理论的设计构想便成为大学生所关心的问题。再加上高校采用启发式教学，把科研引进教学过程，以及大学所提供的师生之间、学生与有关专家之间探讨问题的机会，打破了教室与实验室之间的界限，促进了大学生把发现与学习结合起来，培养了他们的学术兴趣与创造能力。高校的老师是知识渊博的专家，他们具有一种潜在的创新意识，可以提出新思想、新观念、新理论，又因为他们兼有教学、科研双重任务，很自然地就会将他们的科研方法、创造精神有意无意地在教学过程中传递给学生，激发学生的创新意识。

另外，高校的科研活动也使高校的校园文化具有了创造性特点。高校科研职能的出现始于洪堡的改革。洪堡以新人文主义思想的指导建立柏林大学，强调人的发展是教育的真正目的。大学实现这一目的的唯一途径是通过研究进行教学，培养学生探究真理的好奇心和方法，使他们在科学探索中完成自我发展。洪堡认为，大学的真正成绩应该在于它使学生有可能，或者说它迫使学生至少在他一生中有一段时间完全献身于不含任何目的的科学。继柏林大学之后，德国的其他大学也纷纷效仿。19世纪中叶以后，德国的大学已高居世界高校之首，成为许多国家模仿的典范，吸引了大批留学生前往。

以上特点，反映出校园既然是一种以教育为主要社会职能的场所，其文化环境就必然充满了教育性。文化与教育活动相互依存，相互交织，不可分割。如果说社会文化的发展具有一定的自发性、随意性，那么校园文化相对而言可以说具有一定的可控性、指向性。

第三节　高校校园文化与社会文化的共性与差异

用教育的外部和内部关系规律的理论来分析大学的文化形态。可以看到，高校校园文化的形成既受到社会环境因素的制约，又受到学校内部各种力量的影响。反过来,高校校园文化不仅会对大学的教育模式和教育面貌起决定作用,还会对社会文化起规范和导向的作用。

在社会危机时期,作为社会文化价值的维持、表述和发展的关键所在,大学会通过文化批判揭示引发社会危机的因素,否定旧有文化中阻碍社会进步、导致社会危机的内容,引入解决社会危机、促进社会进步的新的文化因素,促进社会的变革。如欧洲文艺复兴时期大学人文主义教育家对基督教文化的批判。五四运动时期北大等高校对封建文化的批判。在社会文化一般发展时期,大学通过自身的文化创造以及引入外来文化的新思想、新观念和新方法,促进新文化的生长,以克服文化停滞问题。

由于大学是各种文化汇聚的中心,接受外来文化影响的途径较多,大学自身也不断产生新的知识和新的思想,高校校园文化的新陈代谢要比一般社会文化更快;大学总是在已知的知识和未知的世界之间不断探索,其所选择的文化的一部分具有不确定性和流动性的特点,由此带来高校校园文化形成过程中的动态性特征与较快的更新机制。唯其如此,大学才能成为社会的思想先驱。从文化意义上来说,大学与社会进行着相互的调适。社会需要与社会主流文化规定着高校校园文化发展的方向,而大学也根据文化自身发展的要求及大学对文化的创造、对社会文化的批判活动去丰富社会文化内涵、定向社会价值系统,进而发展社会。这种双向的调适是当代高校校园文化与社会文化关系的一个重要特点。

一、社会文化的内涵

文化属于历史的范畴，每一个社会都有和自己社会形态相适应的社会文化，并随着社会物质生产的发展变化而不断演变。作为观念形态的社会文化，如哲学、宗教、艺术、政治思想和法律思想、伦理道德等，都是一定社会经济和政治的反映，并给社会的经济、政治等各方面以巨大的影响。在阶级社会里，观念形态的文化有着阶级性。随着民族的产生和发展，文化又具有民族性，形成传统的民族文化。社会物质生产发展的历史延续性决定着社会文化的历史连续性。社会文化就是随着社会的发展，通过社会文化自身不断扬弃来获得发展的。人类在某种社会中生活，久而久之必然会形成某种特定的文化，包括一定的态度和看法、价值观念、道德规范以及世代相传的风俗习惯等，这就是社会文化的表现。

社会文化理论是由苏联心理学家维果茨基提出来的，它强调社会文化因素在人类认知功能的发展中发挥着核心作用。该理论认为，人的心理机能从根本上来说是一个由文化产品、活动和概念充当中介，并受中介调节的过程（语言是首要的调节手段）。在该理论框架内，人类被理解为利用原有的文化工具去创造新的文化工具，并由这些文化工具来调节他们的心理和行为活动。语言的使用、组织和构筑是中介的首要手段。人类认知活动的最重要形式是通过社会和物质环境内的互动而得到发展的。社会文化理论促使我们从一个全新的角度去审视社会环境。

社会文化是与基层广大群众生产和生活实际紧密相连，由基层群众创造，具有地域、民族或群体特征，并对社会群体施加广泛影响的各种文化现象和文化活动的总称。根据创造主体和施加影响的对象，社会文化可以分为群众文化、少数民族文化、少儿文化、老年文化、残疾人文化等；根据发生地域和表现特性，社会文化可以分为校园文化、企业文化、军营文化、村镇文化、庙会文化等。社会文化有利于提高人民群众的生活质量，满足广大人民群众的文化需求。保障基层群众的基本文化权益，促进人的全面发展。巩固文化大发展大繁荣的群众基础，促进政治、经济和文化的协调发展。

当今时代，文化越来越成为民族凝聚力和创造力的重要源泉、越来越成为综合国力竞争的重要因素，丰富精神文化生活逐渐成为我国人民的热切愿望。要坚持社会主义先进文化前进方向，兴起社会主义文化建设新高潮，激发全民族文化创造活力，提高国家文化软实力，使人民基本文化权益得到更好保障，使社会文化生活更加丰富多彩，使人民的精神风貌更加昂扬向上，这就是社会主义文化本质，是中国特色社会主义本质的规定性和内在要求。

二、高校校园文化与社会文化的相似性

高校校园文化是社会文化中的一部分，是其亚文化的一种。某种意义上来说，校园文化是社会文化在学校里的一种体现。尤其是在现代社会中的高等学校，校园文化与社会文化联系日益密切，各种开放的教育形式层出不穷。这使得校内外的交流十分迅速与通畅，学校与社会之间的某些界限趋于模糊。高校校园文化主题思想、主要内容的大变化都离不开社会这个大环境，校园文化的发展是在社会文化发展的影响下实现的，社会文化与校园文化之间有着非常密切的联系。当代高校学生具有强烈的责任感、使命感，他们兴趣广泛，活动面宽广，迫切希望参加社会政治、文化、经济生活。快速发展的时代及各种新思潮、新观念很快在中引起一定反响。高校学生关注社会生活本身就注定社会关系对他们的直接而深刻的影响。

文化既是教育之基，更是高校之魂。所谓教书育人、管理育人、服务育人、环境育人，说到底都是文化育人。高校传统、高校精神，实际上是高校的文化传统、文化精神。所谓校训，是一所高校对其文化传统、文化精神的理性抽象和认同。所谓校风，是一所高校对其传统、精神、校训的文化自觉和继承。不同的传统、精神、校风、学风，是高校展示自己的"文化名片"。高校绵延的"文化基因"，构成学生思想和行为的不同模式。总之，文化是一所高校赖以生存、发展的重要根基和血脉，同时也是高校

间相互区别的重要标志和特征。

　　学校与社会的关系决定了校园文化与社会文化的关系。因此，我们认为校园文化从属于社会大文化，是社会大文化的一个组成部分，其本质受社会大文化的制约。我们现时的社会大文化，其重要内容之一便是，随着时代发展，在更新传统文化所提倡的崇尚礼让的基础上，要求人人在合法的前提下勇于竞争，亦善于彼此合作，这也是东西文化长期冲撞、融合的必然趋势。和谐共存，如此性质的社会文化已影响到我国教育方针的制定。例如，现时我国的各级各类学校都十分重视素质教育和能力教育，以便学生走出校门之后，不仅要有参与竞争的意识，更有参与竞争的能力。显然，在这种教育观影响下培养出来的学生，进入社会参加工作时，随着社会角色的改变，他们不再是营造校园文化的主要力量，而是成为营造社会文化的主力军；他们的一切社会性的活动必然要给社会文化增添新的内容，其结果必然要影响社会文化的发展。

　　高校校园文化是社会文化的重要组成部分，它受社会文化的影响和制约。高校校园文化的载体和主体决定了高校校园文化是科学精神与人文精神的统一，是理想主义与现实主义的统一，是民族文化与世界文化的统一，是历史积淀与时代发展的统一，是书卷气息与大众习俗的统一。高校校园文化的核心是高校精神，高校校园文化的表征是学生的文化素质、教师的文化修养、学校的文化品位。

三、高校校园文化与社会文化的差异及相互作用

校园文化与其他种类的亚文化，如企业文化、社区文化、城市文化、军队文化等并没有什么根本的不同，差异主要表现于它自身的质的规定性。也就是说，作为社会文化的一个组成部分，校园文化的质的规定性并不仅仅在于它所涵盖的内容丰富多彩，更在于校园文化所赖以存在的时空——学校所占有的时空和校园文化主体——学生、教师及在校园内直接和间接为教学、科研服务的工作人员等这一独特性。而正是这后者的独特性，使得校园文化有别于其他任何种类的亚文化。例如，学生所特有的爱好、情趣，教师的师德，学校的校风等所营造的文化氛围具有与众不同的内涵。

（一）校园文化与社会文化的不同

社会文化是社会中起主导作用的文化，校园文化则是置身社会文化大背景下的一种独具特色的亚文化，属于社会文化的范畴。二者的不同之处在于：一是从形式上看，校园文化与社会文化范围不同。校园文化表现在学校内部，本质上是社会文化领域的一个角落的特殊文化形态，而社会文化是存在于社会各个领域的一般文化。二是从内容上看，校园文化与社会文化的活动方式、活动产品不一样。校园文化活动方式主要是教与学。社会文化活动方式是社会生活本身，是以物质生产实践为基础的各种各样的实践活动。校园文化的活动产品，同其教学方式、思维方式等相适应，主

要表现为精神产品，使学生的思想观念和知识水平提高到新的境界；社会文化的活动产品，是实践活动的产物，包括精神产品和物质产品，而且物质产品是其主要的和基本的产品。

但这些差别并不影响社会文化与校园文化间的联系，正如校园存在于社会之中一样，校园文化也是社会文化的重要组成部分，社会文化中包含校园文化。因此，一般来讲，两者的关系，既有部分与整体、局部与全局的性质，又有个别与一般、特殊与普通、个性与共性的性质。综观社会文化与校园文化的关系，社会文化占主导地位，校园文化居从属地位；无论何种文化形态，就其产生、发展和消亡的趋势而言，总是由社会文化决定其从属文化。

（二）社会文化是校园文化的基础

校园文化是学校置身社会文化大背景中具有自身特色的文化形态，它既受到社会文化的影响，又受到自身发展规律的制约。高校校园是各种思想文化交织碰撞的地方，在各种各样的思想观念、科技新潮、文化热点、生活信念、行为方式都融合渗透到校园时，高校校园文化一方面会以开放的姿态接受社会各种大众文化，但另一方面会考虑到高校作为一个育人的场所，故而在接纳、倡导社会大众文化时要进行批判的、有选择的吸纳，取其精华，去其糟粕，并不断地调整、充实和丰富自己，从而形成自己特有的文化体系，以适应时代要求和高校校园自身的内在需要。

高校校园文化应当是一种高雅文化、优秀传统文化，一种面向世界的现代文化和对多种风格和流派兼容并包的多元文化。高校校园文化建设既要反映社会主义文化的基本要求，又应当体现校园文化所具有的独特品格。

1. 社会文化是高校校园文化发展的基础。社会文化的每一方面、层次都会在高校校园里有所反映。校园文化与社会文化是相互连接、相互渗透、相互制约的关系。社会文化是校园文化十分重要的输入来源，校园文化总是会主动地选择和吸收社会文化中对其有益、能为其所用的内容。校园文化的地位决定了它必须与社会环境相适应，它的发生、发展都受到社会文化的制约。随着我国改革开放的深入，国际交往日益频繁，各种传媒把世界各地的消息送入人们的生活，人们越来越关心国际社会的变化。绝大部分高校学生都在密切注视社会的各种变化，努力提高自身的综合素质，以适应国际化的需要。社会主义市场经济体制的建立，使高校生同社会的接触更加广泛，思想更加活跃。人才市场的竞争要求高校生端正态度，重新给自己定位，重视自身，充实和丰富自己。

2. 社会文化是校园文化的源泉。校园文化一旦与社会文化相脱离，就会成为无源之水、无本之木，陷入抽象主义的泥潭。在世界多极化、经济全球化、科学技术迅猛发展、多元文化激荡交融的当今世界，在全面建设小康社会、进一步完善社会主义市场经济体制的今日中国，在推进教育创新、深化教育改革的我国高等教育领域，加强高校校园文化建设，必须把握它同世界形势的变化、同经济社会的发展、高等教育改革的深化之间的密切联系，高度重视和认识研究这些变化发展和改革对高校校园文化建设提出的新挑战、新问题。例如，世界多元文化激荡交融与高校校园文化建设，社会主义市场经济发展与高校校园文化建设，高校调整合并与高校校园文化建设，不同办学主体的出现与高校校园文化建设，高校后勤社会化与高校校园文化建设等问题，都需要本着体现时代性、把握规律性、富于创造性的精神加以研究和应对。校园文化建设要以高校学生的内在成长需求为动力，体现社会发展、社会进步的长远利益与根本要求。坚持用社会主义的主流文化教育引导学生，不断提高他们坚定的政治立场和明辨是非的能力，激发他们强烈的爱国热情和不断创新的精神；否则，高校校园文化建设就会陷入因脱离实际而落后于形势的境地。

今天进行高校校园文化建设，理所当然地要把爱国主义、集体主义、社会主义作为人生和社会生活的基本主题，充分利用好高校的人才资源、科技优势，营造浓厚的校园文化氛围，用健康、生动、高雅的校园文化滋润学生的心灵，增强他们的民族自尊心、自信心和自豪感，把为中华民族的振兴和发展多做贡献作为神圣使命。

一定的文化是一定社会的政治和经济在观念形态上的反映，又是推动社会政治和经济发展的精神动力。社会发展是深深根植于文化的沃土之上的，文化不仅为社会发展提供精神动力，而且为社会发展提供价值坐标。综观东方社会文明的发展历程，可以说文化的创新为社会的发展提供了强劲的动力。文化的力量，深深熔铸在民族的生命力、创造力、凝聚力之中。高校校园文化是社会文化系统的重要子系统，并对整个社会文化有着十分重要作用。因此，加强高校校园文化建设是发展社会先进文化的内在需要。

（三）高校校园文化对社会文化的反向积极作用

高校校园文化又为社会不断孕育出新的思想观点、理论学说和精神食粮，为社会提供新的文化规范与模式。校园是知识和智力的密集区，是文化的集中体现地，也是新文化的聚集地和发散地。高校师生有着思想活跃、思维敏捷、知识面广、创新能力强等优点，他们会比一般的社会成员能够更快地接触和吸收人类创造的优秀成果，他们的思维个性、价值选择、行为取向、生活方式等在整个社会中都属于较高层次。因此，以高校师生为主体构建的校园文化往往要超前于社会文化的发展，并能成为社会文化的先导，推动社会文化不断向前发展，甚至校园里的一些思想有时会成为社会思潮的预演。

校园文化既受制于社会文化，又以鲜明的个性影响社会文化和其他亚文化系统。一方面，校园文化能够使历史的文化和现实的文化展现在校园各种相互关联的文化活动之中，并由此进行改造，以新的风貌展现在整个社会文化系统中，以及那些直接或间接地与校园文化发生关联的亚文化系统面前，以潜移默化的方式感染和教育每个参与或关心校园文化建设的群体或个人；另一方面，校园文化能够及时地反映和创造当代社会最新文化成果。由此，校园文化形成了对整个社会文化的示范和引导作用。

在高校校园内产生的人文社会科学和自然科学成果以及蕴含校园文化的高校传统、道德、风气等都直接作用于社会，对社会产生影响和教化作用，有时甚至会对社会发展产生划时代的巨大作用。校园文化的最终成果也会随着高校学生的毕业而进入社会，他们中的大多数都能成为发展社会文化的主体和中坚力量。当然，校园文化在对社会文化的影响和促进中，一方面使社会文化不断改善，从而为自身的进一步发展创造了优越的环境；另一方面，也使校园文化的作用得以充分展现，这种先进性和优越感，也增强了校园文化开拓进取的力量和信心。高校校园文化为社会文化乃至整个社会的发展不断提供人才支持和知识贡献。社会越发展、越前进，特别是进入知识经济时代，对高校这方面的要求就越高，高校及高校校园文化的功能和作用也就越突出、越重要。

此外，高校校园文化还对整个社会文化发挥着集中、整理、鉴别、提炼、积累和传承的作用，这对社会文化的可持续发展无疑具有重要意义。知识经济时代，高等教育由精英教育向大众教育的转变，使高等教育的影响范围进一步扩大，从而对高校校园文化提出新的要求。一方面，随着高等教育社会化的发展，高校校园文化不仅要满足师生的文化需求，而且要走向社会，更广泛地融入社会文化建设中去，使更多的群众受益。教育创新也要求高校提高开放水平，在办学体制、管理模式、教学科研等各个环节与时俱进，从而不断完善高校的学科建设和课程设置，促进教学改革和人才培养模式的优化，以及产学研相结合的进一步升级。同时，随着高校生就业制度改革的深化，自主择业、双向选择等新的价值杠杆，使高校毕业生直接面向市场。培养直接服务于社会经济文化建设的创新型人才是高校的主要任务。高校校园文化必须适应社会用人制度改革的现实需求，引导高校学生尽快地了解社会，更多地熟悉和适应社会，为高校生在实现由校园人到社会人转变发挥积极作用。

（四）将高校校园知识转化为社会生产力

从教学到科研再到生产，这个过程，把作为知识文化的科技成果转化为物质资料。这种有效结合奠定了校园文化的价值基础，使校园文化能够立足于社会并且备受重视，蓬勃发展。由于现代高校中心化进程的加速及教育是面向未来的事业，因此，在一定条件下，教育特别是高校教育，都应当具有相对独立的品格。不仅应当适应社会发展的要求，还应当引导社会前进。因此，植根于高等教育的校园文化在走向社会的同时，应摆正自己的社会位置，明确自己的历史使命，从一个全新的视角去重整自己的文化心态，并主动参与社会文化建设，引导社会前进。在这种互动过程中，实现高校校园文化与社会文化互相促进、共同提高，在发展中实现校园文化走向社会和引导社会的统一。高等学校不仅是教书育人的机构，同时也承担着知识生产的重任。高校与产业合作，不仅可以丰富高校的教学任务，还能激发新的研究方向。这样的合作不仅可有效地转让高新知识,并且为产业发展提供先进的技术培训。今天的校企联合与工业经济时代高校的社会服务,在内涵上已发生巨大变化。其中最大的变化就在于知识特别是高新技术知识的增长与创新。总之,产学研的结合,反映了高等教育向社会开放,凸显了它为社会服务的功能。这是我国高等教育改革的重要方向,也是一种国际大趋势。产学合作已成为知识经济时代高校所肩负的新使命之一。高校校园文化是一种先进文化、优质文化,是由一代又一代掌握最新科学文化知识的师生创造和积累的。作为高校灵魂的创新精神,使高校校园文化朝气勃勃,充满活力,不断推出新思想、新观念、新事物、新成果,为社会前进提供新的文化范例。

第四节 校园文化研究的意义

一、拓宽教育视野,更新教育观念

笔者认为,学校教育是社会的重要组成部分。它通过考察学校教育与社会发展的关系,考察校园文化与社会文化的相互联系和相互作用,把教育的实施、人才的培养统摄到大环境与小环境、整体与部分的交汇点上,实行全方位的研究和探索,自觉抛弃小生产教育观,而从大教育观出发,理顺教育与社会的关系,从宏观上把握教育的脉搏。

二、明确学校教育责任，发挥文化传递功能

研究校园文化要研究在教育背景中人的发展与文化传播等一系列问题。学校是一个汇集、传递文化的高级文化体教育的主要形式，是以不同的文化为主体的学校对人产生不同的整合作用。因而，校园文化倡导把学校作为文化整合的有效工具，发挥文化精华的积极作用，帮助青少年适应社会，促进人才的健康发展。

三、推动综合改革，促进校风建设

校园文化应注重校风建设。在现阶段，良好校风的形成有赖学校综合改革的实施。校园文化学认为，改革和校风建设在内涵上有着一致性，即校园价值观念、运行机制和行为方式的变更与生成的一致性。它通过研究学校改革与校风建设的关系，校园文化考察氛围蕴含的精神因素、传统力量、道德风尚等具有的"育人"功能。探索校园制度文化与建立新的学校管理体制的内在联系，将有利于在推进学校综合改革的同时，创造一种良好的校园氛围，形成开拓进取、奋发向上的校园精神。

四、促进党的教育方针的全面贯彻

校园文化要以党的教育方针为指导，以培养德、智、体、美、劳全面

发展的现代化建设人才为目标，通过建立校园文化结构，校园文化考察与人才培养的关系，来揭示校园文化的"育人"特点和规律等，从而使校园文化建设与教育改革能够有机地结合起来。

五、总结学校教育经验，为校园文化建设提供科学依据

校园文化内容涉及学校存在的方方面面，从整体上来说，校园文化建设是一个系统工程，需要我们从宏观上把握各系统间的关系，如学校教育与校园文化教育建设的关系，课堂教学与课外活动的关系，校内与校外的关系等。这一系列问题都是研究校园文化要去认真讨论的。校园文化研究一方面从理论上研究校园文化与教育工作之间的关系，另一方面总结校园文化建设经验，探讨校园文化建设规律，以利于校园文化的发展和建设。

六、增强大文化意识，推动社会文化进步

校园文化，一方面受制于社会文化，另一方面是社会文化中层次较高的文化，具有选择和创造文化的功能，它应该追求高格调、高境界、高水平。因此，校园文化的产生和建设，有利于校园文化的健康发展，有利于推动社会文化的进步，也有利于整个社会的精神文明建设。

第二章　校园文化的结构和功能

第一节　校园文化的结构

校园文化是一个多层面的复合体。本节将从角色因素结构、形态因素结构、软件—硬件结构、显性—隐性结构四个方面对大学校园文化结构予以概述。

一、角色因素结构

大学校园内的角色可分为学生、教师、职工和管理者。由于年龄、身份、任务、职责等的不同，四种群体的文化表现亦各不相同。

（一）学生文化

学生文化反映了学生群体价值观念、思维特征、行为习惯、生活方式等。高校学生是教育对象，是知识的接受者，表现出认同与逆反的二重势态。这使大学校园文化具有巨大的潜在活力，主动的认同和理智的逆反往往在大学中能够产生彻底改造传统的力量。

日本学者武内清把学生文化分为四种类型：学习型学生文化、娱乐型学生文化、偏离型学生文化、孤立型学生文化。美国学者克拉克和特罗根据大学生对所属大学的认同及其对知识学习关心的程度,将大学生文化分为四类:学业型文化、娱乐型文化、非顺应型文化、职业型文化。

学生群体是高校中的最大群体。他们的专业学习、社团活动、宿舍生活、时尚思潮、精神风貌、社会实践、参与校政以及非正式团体等,都是大学校园文化的重要内容。其中,学生社团文化在学生文化中占有很重要的位置。学生社团,是指由有着共同兴趣爱好的学生组成学术型、娱乐型、文艺型、体能型、服务型等非正式团体。在大学生成长过程中,在大学校园生活中都发挥着重要作用。

(二)教师文化

教师文化反映了教师群体的价值观念、思维特征、行为习惯、生活方式、知识技能、语言符号等。高校教师群体从事教学和科研工作,承担着培养人才和发展科学技术的任务。因此,高校教师文化是一种区别于其他职业群体的职业文化。它根植于大学校园之中,浮游于学术思想和自由氛围之上。教师既是教育者,也是知识传播者,承担着复制与创造的双重使命。作为知识分子,他们需要最大限度地做到客观与公正,真正做到对多元的价值体系进行有效整合,使所传播的知识尽可能地保证未来社会充满生机与活力,而不是走向孤寂与消沉。这使得大学校园往往成为创新文化的源头。

美国学者凯塞尔把教师分为四对八种类型:学生取向型与学术取向型、

权威型与朋友型、科学体系型与注重艺术型、文静气质型与爽朗气质型。台湾学者林清江把教师分为三种对应类型：学术中心与教学中心的对立、专业取向与受雇者取向的对立、教学者与学习者两角色的对立。

从文化学角度看，大学师生关系大致体现为两种形式。前喻文化，知识和经验仅由教师流向学生，上辈影响下辈，以模仿为主，较少突破和创新；并喻文化，主要是学生影响教师，教师从学生那里得到某些启示。

（三）职工文化

学校职工，主要指学校的后勤服务群体。这一群体在各个方面都体现出自身的特点，因而也有着自身的文化。后勤系统直接控制着学校与外界的物质、能量交换，为校园内的一切活动提供物质保障和良好环境，服务于教学和科研工作；同时发挥着"服务育人"的功能，学校职工文化无疑是大学校园文化的组成部分。

（四）管理者文化

学校管理者文化反映了学校管理群体的价值观念、思维特征、行为方式、工作作风、领导艺术等。在学校管理群体中，首要的角色是校长。对校长角色的研究，是学校管理者文化研究中的首要问题。

优秀的大学校长必须具备的基本素质是：热爱教育、信念坚定，博学多识、长于管理，研究教育、改革教育，以身作则、育人为先。其中，北大校长蔡元培的管理实践体现了他的大学管理思想：目标管理、教授治校、民主办学、兼容并包、民主化、法制化，强调学生自律自治，重视学校自然环境建设和心理环境建设。美国俄亥俄州立大学领导行为小组分析1000多种刻画领导行为的因素，经概括，最后归纳为"抓组织"和"关心人"两大类。"抓组织"是指组织设计，明确工作目标，撰写工作职责和领导关系；"关心人"是指建立群体之间相互信任的气氛，尊重下级意见，注重下级的情感、需求和问题。领导艺术直接影响着管理的有效性。学校管理者应娴熟掌握运筹时间的艺术、协调人际关系的艺术、授权的艺术等。学校管理者文化制约着领导行为方式。不同的领导行为方式是由不同的学校管理者文化规定的，是学校管理者价值观念、作风和习惯对其行为发生影响的结果。

二、形态因素结构

物质文化、制度文化、精神文化是文化的三个基本存在形式和具体形态。据此，大学校园文化中包括校园物质文化、校园制度文化和校园精神文化三种基本形态。

（一）校园物质文化

校园物质文化，是指校园人曾经和正在作用于其上的一切物质对象。它既是校园文化的空间物态形式，又是校园文化的物质载体，包括大学的各种教学、科研、管理、生产和生活资料（设施文化）以及校园环境（环境文化）。它不是单纯的存在，而是体现出了一定价值目标、审美意向的物态文化和富有教育内涵的人文环境，可以起到控制情绪、约束行为、陶冶情操、启迪智慧等作用。

在大学校园文化形态结构上，校园物质文化最先在层次上映照着整个文化的历史积淀水平和样式，是其他形态文化存在和发展的基础。校园物质文化，是整个校园文化的外在标志。

（二）校园制度文化

校园制度文化，是指校园人在交往过程中缔结的社会关系以及用于调控这些关系的规范体系。它包括大学的各种规章制度，教学、科研、管理、生产和生活模式，群体规范、行为准则、时尚习惯，交际、交往方式等。它以其强制和非强制的力量（文化理论更看重非强制力量的运用，即使是强制力量也往往是间接性的）维系着文化价值的认同，约束着每个成员的心理意识和行为方式。

校园制度文化建设，是学校管理规范化、科学化的必由之路。和谐的关系环境和完善的规范体系，自然会形成群体对个人不轨行为或异常行为的威慑力量，促使校园人能够自觉地内化这一关系与规范体系，使其行为符合社会期望。所以，校园制度文化是校园人言行举止、交往互动的准则系统，是维系校园人际关系的纽带，是一切校园文化活动的准绳。

校园制度文化是校园物质文化和精神文化的中介，居于大学校园文化的中间层次，它的性质决定了校园物质文化尤其是校园精神文化的性质，并制约着它们的发展方向。

（三）校园精神文化

校园精神文化，是指校园人的精神生活方式和意识形态，它包括反映人类认识成果的思想理论体系（书面文化、知识文化、课程文化）、言语与非言语的沟通（行为文化）、校园艺术活动及其成果（审美文化）以及认知方式、创造能力、思维模式、价值观念（心理文化）等。

校园精神文化蕴含着四种基本成分：认知成分，即校园人对社会文化和办学规律、教育教学规律的认识；情感成分，即校园人对学校是否认同和对工作、学习是否关心、热爱，具有责任感与献身精神的倾向；价值成分，即校园人的价值取向，学校管理的核心任务就是要贯彻一定的价值观，并把它化作全体校园人的共同目标去努力实现；理想成分，即校园人对学校的发展与完善所表达的希望和追求，与价值成分一起构成校园人的精神支柱、行为向导和内聚力、内驱力。校园精神文化所造就的氛围，弥漫在每个个体周围，使个体的言行举止都染上它的痕迹与色彩，从而形成某种趋向和定式。这种氛围的传承，便诞生了一所学校的传统和风气，即校风、学风、教风、领导作风等。校园风气（或校园精神）的塑造，是校园文化建设和学校管理工作的主要任务之一。

校园精神文化是大学校园文化的核心和灵魂，是大学校园文化的深层要素，集中地反映出一所学校的本质和个性特色。

校园精神文化中的价值观是大学校园文化中最内隐、最深层的因素，它时刻支配着校园人的外显行为，并体现在大学校园文化的方方面面。

三、软件—硬件结构

大学校园文化可分软件和硬件两大部分。软件部分包括校园生活中的各种具体生活现象，如言行举止、文化活动等，校园生活现象所反映出来的文化观念，如人生观、价值观、审美观、爱情观、成才观、时效观等，支配上述各种观念的思想意识、心理素质、思维方式和价值取向等。硬件部分包括校园设施组织、制度等。而校园物质文化与规范文化属于硬件部分，校园关系文化与精神文化属于软件部分。硬件部分是软件部分赖以孕育、存在、发展的基础和前提。软件部分则从大学校园文化内容与实质的高度不断给硬件部分充实新的要求。软、硬两部分统一于大学校园文化的整体结构之中，互促互补。

四、显性—隐性结构

大学校园文化可分为显性文化和隐性文化两大部分。显性文化包括校园物质文化、制度文化、课堂文化以及校园人的行为方式、大学校园中发生的各种事件等。它们是看得见摸得着的文化，是校园文化的表现形式、物质载体、传播方式等的统一，给人们以校园文化的直观印象。隐性文化指隐含于校园人自我意识中的价值观念、教育观念、归属意识以及群体心态、集体舆论、校园风气等，是看不见摸不着的文化，是校园文化中实质性的东西，虽然不能直观体现出来，但从显性文化中可以感觉到、体会到、领悟到。

五、大学校园文化是一个有机整体

大学校园文化是一个有机整体，剖析的目的在于清晰地认识整体。校园人在其历史的和现实的活动中形成和创造了他们的文化。校园文化的整体性是人的本质力量的全面表现。文化绝不是一件可以随意附加或卸掉的饰物。既定的文化总是弥漫和笼罩于大学校园，以其巨大的反作用影响和制约着校园人的活动与发展，悄无声息地发挥着种种功能，从而赋予了自身颇具特色的管理学意义。

第二节　校园文化的功能

校园文化既具有文化的一般功能，即通过一定的物质环境和精神氛围，使广大学生在教育观念、心理素质、行为方式、价值取向、道德标准等诸多方面对既定文化产生认同，从而实现对人的精神、心灵、性格的塑造。同时校园文化又具有自己的特殊功能，它是社会变迁和发展的重要环节和媒介。这种功能主要表现在培养学生的健康心理、优化学生的成长环境、加快学生社会化进程等方面。具体来说，有如下功能。

（一）价值导向功能

校园文化是无声的思想政治教育。它对学生的影响是细致的、深远的和潜移默化的。良好的文化氛围环境，能使人不知不觉但又自觉自愿地接受教育和影响。报刊、广播、电视、橱窗、壁报等传播媒介直接构成了校园文化的小环境。校园文化渗透到校园的各个角落，给学生以影响和制约。同学之间的交往、师生之间的交往都在相互影响与渗透，成为构成校园文化氛围的一个重要方面，也直接影响着学生的思想情绪。这种影响虽然一时难以检测，但功力深远。最近一段时期，一些学生价值目标短期化、价值主体自我化和价值取向功利化，他们过分关注市场，对知识、文化及精神的需求出现了短期行为。在这种情况下，校园文化很难找到恰当的载体去适应文化主体的不稳定的价值取向，其教育促进这一功能便会因此受到淡化。所以，我们应当把校园文化建设作为一项育人的长期的系统工程来抓。通过各种校园文化活动，逐步把学生引导到学校教育目标确定的方向上来，使其在正确的目标下从事各种有益活动。校园文化活动实际上是社会文化对大学生作用的中介，来自社会、书刊、新闻媒体和校园生活中的新观念、新思潮无不引起学生的关注和反思，由此产生的兴趣热点和生活情趣是多种多样的。这种情况下，大学生迫切需要对各种文化思潮进行鉴别、取舍、消化和吸收。因此，为引导学生提高认识，少走弯路，积极健康地成长，校园文化活动要以社会主义文化理论和价值观为指导，对社会文化中的各种思潮和观念进行评价、比较、选择,做到兼收并蓄、为我所用,提高学生的鉴别能力和政治思想素质,帮助他们树立起符合时代要求的现代人格观念。

(二)智力开发功能

大学生的智力开发不仅在课堂上进行,课余文化活动对大学生智力开发也起着重要作用。因此,应加强课堂文化和课余文化一体化建设,使两个课堂在内容上能够连贯起来,这就对学生智力开发起到了促进作用。首先,面对色彩斑斓的社会主义市场经济和各种渠道的用人方式,大学生光靠课堂的培养是不够的,还必须重视课外的作用,开发学生多方面的智力能力,以适应社会的需要。形式多样的校园文化活动,能进一步完善高校课堂教学形式,满足大学生求知成才的多方面需求。随着市场经济体制的建立,单纯的专业知识传授远远不能满足学生的求知欲望和增长才干的要求。而积极健康的校园文化活动,能在学生身上产生一种强烈的奋发向上的精神力量,激发其情感共鸣,进而使学生形成一种自觉的、内在的驱动力,促使学生主动地完善自己,不断增进知识,更新观念,开阔视野,增长才干,在校园文化活动中展现其个人才能。其次充分发挥学生社团组织的作用,开展以科技为先导的校园文化活动,科技活动是学生用自己所学的知识,进行发明创造或解决现实中存在的实际问题的有计划的活动,是培养学生科技知识应用能力的重要手段。校园可以采用多种形式开展科技活动,如学校建立大学生科技协会，各院、系成立科技活动中心，班级建立科技兴趣小组等。在这样的各种组织的指导下，低年级可搞小发明、小创造，提高动手能力，开发智力；高年级和研究生有计划、有目标地在老师指导下进行课题攻关，努力把自己所学的科技知识转化为科技成果。最后，开展社会实践活动，它是校园文化与社会文化对接的重要途径。大学生参加社会实践是培养社会所需要合格人才的必由之路，它既为社会提供了服务，为改革开放做了有益的工作，又为学生开辟了广阔的课堂。学生深入社会搞调查，在社会实践基地搞科研、在人群中搞咨询服务等，使学生得到了锻炼，增加了对社会的了解，培养了他们广阔的思路，提高了分析问题和解决问题的能力。

（三）审美健身功能

高校校园文化生活中学生情操的陶冶、健美娱乐活动的开展，都是校园文化中美育的体现，用审美的观点、审美的原则、审美的方法来促进大学生世界观的形成。什么是美育？美育就是通过文学、艺术和借助大自然及感受现实生活中的美，形成学生正确的审美观点和鉴赏美、创造美的能力的教育。大学生年轻、单纯，他们从学校到学校、涉世不深，对于复杂的社会现象良莠难辨。所以高校校园文化生活要加强美育，给学生举办美学教育讲座，让学生参加社会实践，组织开展"我爱我的家乡美，我爱我的祖国新"这种主题的报告会；组织学生阅读优秀图书，观看优秀影片和优秀电视节目、优秀戏曲等，使学生领略到老一辈无产阶级革命家和优秀共产党员为人类求解放奋斗终生，为社会主义建设而努力奋斗的美，深入了解到我国的巨大变化所体现的人际关系和谐美、事业美和生活美，使他们感到作为大学生所肩负的使命感和自豪感。

在校园文化这块阵地上要培养学生对美的追求，让学生在学习、生活实践中去创造美。组织学生搞"人生价值坐标""走出象牙塔"等演讲会，"让雷锋精神在细微处闪光"等辩论赛，组织民族音乐欣赏会、校园十大歌星比赛、舞蹈节、体育比赛、书法绘画比赛、板报墙报评比等活动。开展这些自我教育方法，在娱乐中受教育，在美的熏陶下受感染，确实能够起到"随风潜入夜，润物细无声"的作用。

（四）人格塑造功能

通过开展丰富多彩的校园文化活动，不仅可以满足青年学生求知成才、探索人生价值、开展社会交际、文化娱乐活动等各方面的需要，更重要的是，学生可以通过校园文化活动所创设的良好精神环境和与之相适应的和谐的物质环境，于潜移默化中受到感染、影响和熏陶，对大学生良好素质的形成具有很大的影响力和塑造力。大学生能在轻松愉快的校园文化活动中，自然地塑造健康的人格，陶冶道德情操，树立崇高的理想，升华人生的意蕴。

（五）凝聚功能

校园文化的群众性极强，学生只有对它认同进而产生强烈的归属感，才会主动与之相适应。校园文化将有共同爱好、共同追求的学生凝聚在一起，或交流技艺，共同提高；或探讨问题，开阔思路，共同进取；或为一个具体目标，齐心协力，共同创造。在此过程中，校园必然会形成一种良好的人际关系和成才环境。而且一旦校园文化建设同校风建设结合在一起时，还能产生一种内在号召力，增强全校学生的内聚力，使他们在心理和行为上均受到约束。而市场经济作用下大学生的自我价值观念迅速增强，强调自我独立性、主动性，同时也出现了一些个人主义和功利主义倾向，这些都助长了盲目性，从而对校园文化从众性的正确运用和发挥提出了要求。所以建设校园文化要有组织地利用从众现象的积极方面，去克服盲目性。充分发挥课堂文化的导向作用、制度文化的规范作用和社会主义市场经济和现实教育作用，进而形成良好的群体心态，增强校园文化的凝聚力、向心力和持久力。把全体学生凝聚成既有高尚的理想，又有奋发向上的集体精神；既有渊博的文化知识，又有精练的实践能力的有机整体。

校园文化的各种功能并不是截然分开、分别发挥其作用的，恰恰相反，校园文化是将多种功能有机地融合在一起，综合地多方面地起作用的。当某种功能处于主导地位时，它也从不同的角度发挥着其他方面功能的作用，可以说这正是校园文化的一个突出的长处。

（六）创造功能

校园文化具有创造性的功能。校园文化建设，要充分发挥人的主观能动性，激发人的创造潜能，变被动接受、传播知识为主动运用知识、丰富知识。校园离不开一代又一代有才能的人，而才能的发展，离不开人的创造活动。只有生生不息的创造性才能维持校园的存在，才能促进人类认识水平的提高。比如，最近几年校园文化创造性的发展，使校园文化在内容与形式上呈现出既有高雅文化又有通俗文化的多姿多彩景象。这不仅进一步丰富了学生的课余文化生活，提高了学生的文化素质，增长了知识，锻炼了才干，而且拓展了学生现在和未来的生活空间，促使学生在奋发向上的氛围中能够锻炼自己的独立性和创造性。这对密切学生与社会的联系，对发展教育、造就全面发展的综合型人才都是十分有益的。

第三节　校园文化的价值

所谓文化的价值，是指一定的知识、思想与主体所构成的需要与被需要的关系。校园文化作为社会文化的亚文化，是大学生步入社会的桥梁，在学生健康成长中发挥着重要作用。校园文化可以将社会文化通过各种形式作用于学生。同时，学生也通过校园文化不断地影响社会文化，并学习与社会相适应的各种行为规范、知识技能和生活方式，使自己在各方面均能得到协调发展。

一、知识性价值

学校是教书育人、培养社会主义"四有"新人的场所，校园文化的内容也必须由学校教育的宗旨所规定和制约。校园文化的知识价值主要表现在以下几个方面。

（一）健康向上的校园文化，有助于学生的智力开发和科学文化水平的提高

马克思曾经将人支配时间的类型分为这样几种：个人受教育的时间，发展智力的时间，履行社会职能的时间……在人的一生中，学生阶段主要的时间是用于受教育、发展智力和培养能力，而学校的一切工作也都是围绕着教书和育人进行的。学校教学的主渠道当然是课堂教学，但在课堂教学之外，校园文化又能以两种形式去促进学生的智力开发和科学文化素质的提高。

一是利用校园文化的阵地和一些知识性的文化活动载体，向学生传播科学文化知识。青少年学生的求知欲是十分强烈的，他们并不满足于课堂学习，课外仍在勤奋学习。无论是课堂学习还是课外自习，都离不开书籍这个科学文化传承和传播的载体，而学校图书馆则是学校收藏、借阅图书、报刊等信息载体的专门场所。因此，学校图书馆尤其是高等学校的图书馆，是学校教学的重要设备条件之一。学生来到图书馆，如遨游于知识的海洋，探寻知识的宝藏。

除图书、报刊等资料外，一些知识性的校园文化活动也有助于学生获得一定的科学文化知识。许多学校充分利用各种文化设施，因校制宜地开展诸如电化教学、知识竞赛、科学咨询、影视评论、文化沙龙以及参观展览、兴趣小组等校园文化活动，使学生借助这些活动，在娱乐之余，也获得某一方面的科学文化知识。

二是通过某些娱乐性校园文化活动，激发学生智力的发展。舞会、歌咏、健美、书画、游艺等娱乐性文化活动，在许多学校都经常举办。学生适度地参加这些文化娱乐活动，既有利于他们审美情趣的提高，也有利于拓宽视野，活跃思维，丰富想象，提高文化学习的感受力、理解力、想象力，从而提高学习科学文化知识的兴趣和能力。

（二）健康向上的校园文化，有利于学生获得生活知识和社会经验

校园文化在使青年学生获得生活知识和社会经验、适应社会环境方面，发挥着重要作用。活跃在校园里的各种文化活动，促使学生学会自己管理自己，不断提高独立生活能力、组织协调能力和社会生活能力，增强自主、自强的意识。学生普遍感到，如果在学习上缺乏自主意识就不可能有创造性，生活上缺乏自主意识就会影响对事业的自主精神和对社会环境的适应能力。当然，在课堂上，学生学到了很多知识，接受知识的能力也得到了很好的锻炼，但是有很多知识和能力却是不能从课堂上和书本里学到的。近年来，勤工助学、社会实践等活动，为学生获得社会经验、适应社会环

境开辟了一条新的渠道。这些活动的蓬勃开展，既提高了学生的动手能力，同时丰富了学生的社会实践经验，又促进了专业知识的学习，使学生从被动地接受知识转向富有创造性地汲取知识营养。

二、社会性价值

人生中的每一个发展阶段都要面临许多社会性的课题，这些课题能否顺利解决是至关重要的。青少年时期是完成其社会性课题的重要时期，而校园文化则是走向社会的重要途径。

（一）选定正确的生活目标，建立正确的价值观念

一般来说，一个人最初生活目标的选定在很大程度上是受家庭影响的，但随着年龄的增长，接触到的是更多的人和更广泛的社会，家庭的影响也就逐步减弱。尤其在进入学校以后，校园文化较多地对学生产生影响。

一个人生活目标的核心是他的价值观，选定生活目标与价值观的取向是分不开的。进入学校以后，学生始终处于校园文化氛围中，不少校园文化形式因其倾注了对生活目标及人生价值的探求，而吸引了众多的学生。这有助于学生选定正确的生活目标，树立正确的价值观念。

（二）学习行为规范，适应社会要求

所谓行为规范，就是为人处世、办事的规矩与准则。处于不同地位的人，有着各自的行为模式和行为规范。

青年学生通过校园文化活动，演习如何接触社会，学习社会所需要的行为规范，学生与学生之间相互监督、相互促进。当他们离开校园的时候，他们即成为社会的一员，将继续学习和实践与社会需要相适应的行为规范。

三、传播性价值

校园文化是开放的文化。校园的围墙是有形的，但是校园内人与人之间的思想交流、校园内与校园外的思想交流却是无界的。因此，校园成员通过各种文化传播媒介、学术交流活动，获得了许多新信息、新思想，使校园知识、校园文化、学校层次都得以提高和发展，校园文化的存在与更新、积淀与发展也正是在这样的开放中形成特定格局的。

校园文化是有选择的文化。校园文化在自己的形成过程中，不断汲取各种文化的精华。然而应当指出的是，任何国家的校园文化对社会各种文化的汲取必然不能违背其国家文化的原则，因此，作为社会主义的学校，就更应该坚持社会主义文化的原则。所以社会主义的校园文化既担负着拒绝封建主义文化糟粕的责任，又担负着拒绝资本主义腐朽文化的责任，更担负着传播、发展社会主义文化的责任。

四、思想性价值

针对学生提出的问题，不少学校举办了人生系列讲座、道德系列讲座、心理咨询以及以人生、奋斗、成长为主题的讨论会和辩论会。这些校园文化形式倾注了学生对人生意义和自身价值的探寻，因此吸引着众多的学生。再如，党章学习小组、马列主义学习小组以及思想文化沙龙等形式的活动，也在一定程度上满足了众多学生在政治上、思想上和人生追求上积极进步的要求和愿望。

有些学校曾多次举办"我爱社会主义祖国""人生观之我见"等演讲比赛。每次推选两名主讲人，以他们为中心组织准备演讲稿的写作班子，人人动脑筋、找材料，看怎样才能讲得生动、具体、有说服力。演讲稿往往要经过反复讨论和修改。事实证明，这些活动取得了比较好的自我教育的效果。

青年学生思维敏捷，接受新事物能力强，并且往往一个时期有一个时期思想上的"热点"。对于校园文化中的"热点"，要认真分析、研究。凡是积极向上的、催人奋进的、有助于身心健康的，应热情支持，引向正确轨道，使之得以持续发展下去。

五、科学性价值

校园文化一般具有较浓郁的学术气氛。青年学生，尤其是大学生有较高的知识水平，学术讨论是他们生活中的重要内容，在学术上有所建树也是大学生的追求。因此，开展对专业学习中碰到的问题和现实社会中发生的有关问题的讨论，以加深对专业知识的理解和对社会的了解，这是校园文化的主要内容之一。

社团活动丰富了大学生的知识存储，通过各种活动扩大了学生的信息量，突破了课堂教学的狭隘性、封闭性，突破了学科、系科、班级之间的组织体系，加速了知识结构的完善。社团文化还激发了学生的专业兴趣、爱好以及旺盛的求知欲，诸如英语协会、文学社、哲学协会等学术性社团，培养了学生的专业兴趣，特别使低年级学生在这些社团活动中，能够得到高年级同学的指导和教师的帮助，从而更快地克服专业学习的困难，对提高学习积极性大有帮助。

高校中，还有大量的学术性讨论会、专题报告和讲座，其主题和内容很多是最新的科研课题、研究成果和思想观念，因此，具有很大的启发性，在教科书中是不易找到的。

目前，随着改革开放的深入，科技文化在校园中异军突起，校园文化活动向更高层次拓展。科技文化是校园文化发展的必然，是校园文化科学性价值的具体表现，是校园文化发展的新阶段。

六、美育性价值

在校园文化中，艺术、娱乐活动也十分引人注目，吸引了许多大学生，如诗社、书画篆刻研究会、集邮协会、艺术体操队、合唱团等。此外，还有各类文艺讲座、影视、戏剧欣赏、各种联欢会、舞会及外出旅游等。这些活动集中了一大批有各种文化兴趣爱好的学生，使整个学校显得生气勃勃。

艺术是美的精髓，美是艺术的升华。美可以净化灵魂，陶冶情操，提高道德水平，改善人类精神文化。艺术具有教育和娱乐的作用。艺术的教育作用，是以它具体、生动的美感形象所体现的。这种教育不是靠说教，而是靠感染，使人们的思想感情在潜移默化中得到陶冶。学生在校园文化中可以得到美的教育。审美教育的目的，是通过青年人的审美实践和美的创造实践，培养和发展青年学生正确的审美观和感受美、鉴赏美、表达美、创造美的能力，改造和美化主观世界和客观世界。

青年人爱美，爱各种形态的美。他们喜欢游山玩水，欣赏自然美；他们喜欢唱歌跳舞，追求艺术美；他们乐于拼搏奋斗，向往社会美。青年学生在美的感受、欣赏、鉴别、追求和创造过程中，通过情感的体验、选择、判断，达到对美的肯定、摄取，对丑的否定、摒弃，从而使自己的灵魂得到净化，精神得到升华。

青年学生喜欢旅游，在大自然的怀抱里，饱览自然景色。乌申斯基认为，美丽的风景，对青年的心灵的发展具有重大的影响，而教育家的影响是很难与之匹敌的。自然美虽然是客观的自在之物，但它是人类生活空间的一部分。因此，呈现在我们面前的美总是具有社会性的。

艺术是一种潜在的引导力量,能够影响并改变人们的知觉、意识、判断以至行为,这种引导力量会产生改造社会的作用。

七、道德认同性价值

青年学生既是校园文化的创造者,也是校园文化的受益者。通过校园文化的熏陶,学生不仅学到了许多科学知识和技能,更重要的是唤醒了主体的自我意识,构造了一整套以现实社会的客观需要为参照系的价值标准、道德和行为准则,形成独特个性,最终以一个社会建设者、实行者的身份走向社会,参与社会生活。

第三章 高校校园文化建设概述

第一节 校园文化建设的含义和内容

一、校园文化建设的含义

任何组织，在存在和运转了一定的时间后，都会形成一些共同的目标、追求，共同的信念和价值观，共同的行为方式和习惯，这就是该组织的文化。该组织的文化是必然要发生的，不管组织的领导者或组织成员是否能够意识到，它都是一种客观存在。校园文化亦然，这种尚未被组织成员自觉建设的校园文化，我们不妨叫它"自在的校园文化"。

由于各个学校的产生背景不同，校长、教师素质不同，学科领域不同，学生来源不同，学校的发展过程不同，在这个发展过程中形成的文化也就存在着千差万别，这就是校园文化的多样性。英国有两所世界著名的大学——牛津大学和剑桥大学，两校相距极近，历史上还曾经是同一所大学，但二者的校园文化却表现出不同的个性：牛津更重视传统，严谨但稍保守；剑桥则更重视创新，活跃而不失科学。

校园文化的多样性，带来校园文化评价上的困难。由于学校是培养人才的地方，毕业生的素质高低应是校园文化优劣的标尺。但至少有一点是可以肯定的：从育人效果的角度观察，任何一所大学，其校园文化总有一些是有利于人才培养的，我们称之为优性文化，如良好的学风和校风、高远的目标、高尚的道德、融洽的人际关系、完美的公众形象；同时，也必然存在着一些不利于人才培养的，我们称之为劣性文化，如考试作弊、上课迟到、打架斗殴、懒惰散漫、不讲卫生等行为习惯和不良风气。

显然，这就需要自觉地进行校园文化建设，即学校的领导者根据教育方针有意识地倡导和扶植那些优性文化，批评和纠正那些劣性文化，使校园文化得以不断提高和完善。

经过学校有意识建设的校园文化，我们称之为"自为的校园文化"。校园文化建设是"自在的校园文化"通向"自为的校园文化"的桥梁。

二、校园文化建设的内容

校园文化建设的内容很广泛，主要有下述八个方面。

（一）培养目标和规格的制定

"不怕众人心不齐，只怕没人扛大旗"，培养目标是学校引导学生成才的旗帜，它决定着校园文化的指向。我国的教育方针决定着我们的培养目标是培养德智体美全面发展的社会主义建设者和接班人。但这个目标在各个学校尚应具体化,如理工科院校应是培养德智体美全面发展的工程师、科学家,农科院校是培养德智体美全面发展的农艺师、科学家,文科院校是培养德智体美全面发展的政府干部和社会科学工作者,医科院校是培养德智体美全面发展的医生、医学家,师范院校是培养德智体美全面发展的人民教师、教育家等。

培养目标要落实,还必须要制定相应的培养规格,在德、智、体、美诸方面规定一些考核标准或量化要求。在国家有关法律和教育部有关文件的指导下,各个学校有所不同。

(二)校风学风建设

校风和学风是学校传统的主要载体,是校园文化的核心内容,也应是校园文化建设的重点。

风气乃是多数人的行为习惯、价值取向,影响所及,可以潜移默化,转变人们的思想和行为。《荀子·儒效》中说:"居楚而楚,居越而越,居夏而夏,是非天性也,积靡使然也。"校园风气对人的影响亦然。一群各校大学生在一起,细心的人常可以从他们言谈举止的不同特点中,辨别出他们所在的学校。

校风学风建设是学校的基础性工作,也是校园文化建设的主要落脚点。

(三)学校制度建设

无规矩无以成方圆,无制度无以建秩序,校园里良好的教学秩序、生活秩序都要靠一系列校规校纪来维护。制度是校园文化的组成部分，制度背后是学校的办学方针、培养目标和主导价值。

对青年学生而言，养成良好的行为习惯并非易事，而克服不良的行为习惯更加困难，必须由校规校纪来约束。久而久之，养成习惯良好的行为即由不自觉变为自觉的了。因此，学校的制度建设不可轻视。

（四）社会实践环节建设

优秀的人才不能仅仅从书堆中产生，还必须依靠实践，将知和行结合起来、统一起来。朱熹说："论先后，知为先；论轻重，行为重。"可见实践在增长知识、锻炼才干中的重要作用。

我们讲的实践不只是个人的生活实践，或仅仅是校园内教学实践、课外文化、科技活动的实践，更包括走出校门的社会实践。社会是培养学生的广阔课堂，青年学生在这个大课堂中可以了解国情，接触工农阶级，运用所学知识解决实际问题，从中发现自己的长处和短处，从成功中树立成才报国的信心，从挫折中找到努力的方向。改革开放时代，也进一步打开了学校的校门，使广大青年学生在校内、校外两个课堂受教育。相应的，校外的社会实践也将强有力地影响学生的志向、抱负、价值观念和行为方式，成为校园文化的一个重要推动力量。因此，逐步完善和加强学生社会实践的各个环节，也是校园文化建设的一方面。

（五）课外科技、学术活动

学习，是学生的主要活动，这一活动不仅是有组织、有指导的，从学生角度看，又是以学生为主体的能动的、创造性的过程。学习，理所当然地成为校园文化的主要载体，学风成为校园文化的主要内容。

良好的学风不仅是在课堂上养成的，更依赖学生在课外学术活动、科技活动中锤炼和体验。因此，学生课外学术和科技活动也是校园文化建设的必然之举。

（六）课外文化体育活动

学习是学生的主要活动，但并不是学生的唯一活动。青年学生处在长身体的时期，养成健康的体魄是将来担当大任的条件之一；体育运动和比赛，是培养学生的集体观念、竞争观念、自强观念和良好意志品质的重要环节，因而成为校园文化的组成部分。青年学生是独立人格形成的时期，他们有多种不同的兴趣爱好，有多方面的潜力和才能，有多方面的需求和渴望，所以课外文化活动历来都受到学生的欢迎和响应，成为校园文化最令人关注的内容之一。健康的、丰富多彩的学生课外文化活动，不仅使校园生活充满乐趣，而且利于形成良好的人际关系、乐观向上的性格以及高雅的审美情趣，还可以受到爱国、爱党、发奋成才的熏陶感染，是形成健全人格不可缺少的培养环节。

（七）校园文明建设

校园文明建设包括两个方面：第一，学校物质环境建设；第二，学校文明风气建设。

校园的物质建设，包括校门、教学楼、实验室、宿舍、礼堂、图书馆、体育馆等的设备水平和建筑风格，校牌、校徽、校标、校旗、校花、校色、校歌、校服等标志物，以及纪念塑像、命名建筑等校内文物。它们是校园文化的外显层，是学校形象的视觉识别对象，也是群体价值观的物质载体，理应成为校园文化建设的组成部分。

至于清洁、礼貌、良好的风度和秩序，校园中的文明风是校风的重要内容，也是育人的软环境之一，自然应列入校园文化建设的内容之中。

（八）队伍建设

校园文化建设是一个浩大而艰巨的系统工程，不能一蹴而就，必须长期坚持后才能收到实效。因此，校园必须造就一支强有力的队伍，统一指挥，协力实施。

队伍的灵魂是学校领导班子，教职工队伍是校园文化建设的主力军，学生骨干队伍是我们进行校园文化建设的依靠力量。

我们应针对这几支队伍的各自特点，采取有力措施，加强其组织建设、思想建设和作风建设。这是校园文化建设的组织保证。

三、校园文化建设的根本任务

建设和发展校园文化，必须围绕培养人才这一根本任务进行。

（一）校园文化建设与学生素质

目前，学生群体中存在着各种思想问题，解决这些问题的方法，既包括教育方法，也包括环境陶冶的方法。现代社会生活对学生的影响是巨大的，对于曾经是他们心目中偶像的人物，现在有些学生对此有新的想法：他们认为每个人都有权利、有理由选择自己的生活方式，但他们不一定会去赞赏，他们反对把事业和生活分割开来、对立起来，因为他们认为事业本身就是生活的组成部分。他们提出，享受生活是为了更充实地开拓事业；而开拓事业，也是为了更快乐、更美满地生活。因此，现代社会的学生，既能啃着面包在图书馆、实验室从早泡到晚，并在学校规定的课程之外，加修多门课程，又能兴高采烈地跳舞、野餐，他们都在努力追寻事业与生活的最佳结合点。

面对学生这种价值观念和思维方式的转变，传统的教育已显得极不适应，必须加以改革。今天的教育，应该以尊重人、关心人、爱护人的原则，采用民主讨论的方法，运用现代技术手段对学生实施教育。建设校园文化，建造优良的育人环境，正是完善现代教育的非常有效途径之一。

校园文化建设，应该注意通过各种方法，创建优良的学习生活环境，使每个学生生活在其中，有意无意地在思想观念、心理素质、行为方式和价值取向诸方面都受到熏陶、感染，从而实现对学生时代性格的塑造。所以，高校造就的人才，绝不能仅仅满足于对学生的知识灌输和技能技巧的训练，还应以更大的热情、更多的精力对学生进行情感熏陶、性格的培养、意志的培养。而这种心灵的塑造，完全不同于知识技能的培养，仅仅通过说教、演示、操练就可以完成，它只能靠文化环境形成心灵的感应、精神的升华、观念的更新。尤其对 18~25 岁的大学生、研究生来说，他们的人生观、世界观正经历着自我觉醒、自我确立的过程，因此思想格外活跃，观念容易改变。一方面，他们十分需要寻求思想的依托，以缓解内心各种观念的冲突；另一方面，他们又特别排斥说教，所以良好的文化氛围对帮助大学生确立远大的人生理想、健康的人生哲学、乐观的人生态度都是极其有益的。

（二）培养人才的四个"结合"

1. 把思想理论指导与重视环境熏陶结合起来

在进行系统的思想理论教学的同时，注重通过各种形式组织各类健康向上、欢快、热烈的文娱体育活动，让学生在其中能够感受生活的乐趣，激发对生活的热爱与对美好未来的向往。

2. 把整体教育与个别指导结合起来

同年级的学生因为年龄的相近，有着许多共同的生理、心理特征，为实施整体教育提供了基础，但是由于每个人的生长环境、性格气质不同，他们对教育又有着各自不同的需求。因此，教育必须要针对每个人所面临的问题进行深入、细致、具体的指导，这样才能有的放矢，收到成效。

3. 把理论教育与实践锻炼结合起来

学生的思维方式往往理想化、形式化，容易对复杂的生活想当然，因此走出校门后，往往难以适应社会，书本上的理论往往解决不了实际问题。

为了突破重理论、轻实践的传统教育方式，应该千方百计地为学生提供各种参加社会实践的机会。这既可使学生在实践中检验自己的知识水准，激励学习的自觉性；又可使学生增进对社会的了解，加快适应社会的进程。

4. 把思想引导与纪律约束结合起来

学生的成长，既要思想上的引导、教育，也需要纪律上的约束、限制。既要重视学生创造能力的培养，也要重视纪律的客观约束作用。因此，校园文化建设，既要重视思想教育又要重视纪律制度的执行。

第二节　校园文化建设的原则和意义

一、校园文化建设的原则

（一）方向性原则

社会主义的办学方向决定着校园文化建设的方向。我国高等学校的根本任务是培养社会主义的建设者和接班人，这种性质就决定了我国高校的校园文化要向健康、高雅方向发展。

（二）育人原则

校园文化建设必须有利于人才培养，注重高校学生的思想文化素质的提高。校园文化建设作为高校精神文明建设的重要组成部分，其根本目的是培养有理想、有道德、有文化、有纪律的社会主义"四有"新人。

（三）主旋律原则

校园文化建设弘扬时代主旋律，倡导爱国主义、集体主义、社会主义，讴歌时代真、善、美，以科学的理论武装人，以正确的舆论引导人，以高尚的情操塑造人，以优秀的作品鼓舞人，引导高校学生去追求高尚的道德情操、健康的审美情趣，倡导正确的消费观和生活方式，树立正确的世界观、人生观和价值观。

（四）自主性原则

校园文化建设要广泛吸引学生积极参与，充分发挥学生的积极性和自主性，尊重学生在校园文化建设中的首创精神。

（五）系统性原则

校园文化建设是一项内容丰富的系统工程，要有目的、有计划、有组织、有分工地进行，在全校范围内形成一个校园文化建设网络。

（六）开放性原则

校园文化作为一种文化，必然要与其他文化发生相互联系、相互影响。校园文化建设要吸收其他文化（如企业文化、军队文化、乡镇文化等）建设的优秀成果，要充分利用社会设施和发挥大众传媒对校园文化建设的影响。

与此同时，我们还必须注重以下几点。

1. 注重思想性，构建当代青年的精神家园

高等学校培养人才不能仅仅满足于对学生的知识学习和技能的培养，还必须对学生进行思想的引导、情感的熏陶、意志的铸造和性格的培养。

2. 注重知识性，找准结构点，实施文化育人

校园文化的知识性，体现在校园文化的活动内容当中和制度的建立上。学生在校园文化的熏陶下，不但拓展了第一课堂知识面，优化了知识结构，而且培养了兴趣爱好，锻炼了能力。如果大学校园文化缺乏知识性，在内容上杂乱无章，那么在客观上就会导致学生分析、辨别是非的能力差，思想上易出现误区，不能适应时代的需要。

3. 注重趣味性，增强校园文化的活力

高校里的乐队、合唱团、舞蹈团、剧社等都是校园文化生活中的骨干组织。学校开设的舞蹈班、书法美术班等，为不同爱好的广大同学提供了学习、参与的良好条件；各级各类的文艺会演、比赛、讲座、音乐茶座等，为广大学生提供了参与与欣赏的机会。校园文化的趣味性，打破了"教室—食堂—寝室"三点一线式的单调的大学生活动格局，并成为大学生生活中不可缺少的一个有机组成部分。

大学校园文化的趣味性，并非一种单纯的、无限制的娱乐，而应在显示趣味性的同时，体现校园文化的教育性。校园文化工作者应在校园文化建设中善于发现闪光点，寻找兴奋点，注意敏感点，把握共鸣点，选准工作点，才能有的放矢地开展工作，才能保证校园文化的健康性、趣味性，校园文化才有活力和生命力。

4. 注重实践性，培养一专多能的复合型人才

面对时代的呼唤，面对人才市场的冲击，高校毕业生应该如何站稳脚跟，形成良性的供求关系，给高校提出了一个严肃的课题。培养一专多能、德才兼备的"四有"合格人才，便成为大学校园文化建设和思想政治教育的共同任务。

适应这一形势和任务的需要，大学校园文化建设应在匠心设计、运转方式上不断加大实践含量、科技含量，以增加育人的力度。从大学文化氛围和客观实际出发，以培养社会需要的实际人才为目的，来构建校园文化的基础框架，已成当代大学校园文化发展的新走向。目前，大学校园内出现的计算机热、外语学习热等现象足以说明，作为大学校园文化主体的学生，在市场经济的冲击下，锻炼实际本领的自我意识在增强，对科技与人才的竞争有较清醒的认识，大学校园文化建设与社会实践的结合，不但促进了学生社会实践活动的开展，还深化了校园文化活动的内容。

二、校园文化建设的意义

（一）加强校园文化建设是深化高教改革、优化育人环境的重要内容

校园文化从内容结构上讲表现为三种形式。

一是校园物质文化，主要指校园环境，如图书资料、教学设施、文化设施等，是校园文化的基础；二是校园制度文化，主要是领导体制、组织

机构、管理制度、行为规范等，是联系校园物质文化和校园精神文化的纽带；三是校园精神文化，主要是办学方向、教育思想、校风、学风等，它们是校园文化的核心。加强校园文化建设，建设各具特色的校园物质文化、校园制度文化和校园精神文化，是丰富学校的教育内容、教育活动和优化教育环境的主要内容。

（二）加强校园文化建设，有助于全面提高学生的素质

加强校园文化建设，建设清新雅致的校园，培养团结向上的校风和学风，建设好优良教学秩序、生活秩序，对身临其境的教职员工有无形的感染力、约束力、促进力。开展多学科、多层次、多内容的校园文化活动，不仅有利于拓宽学生的知识面，改善知识结构，而且有利于培养学生的参与意识、竞争意识和成长意识；不仅有利于培养学生的思维表达能力、交际协调能力、组织管理能力，而且有利于促进学生的个性发展，增强学生的自信心、自尊心和社会责任感、历史使命感，促进学生素质的全面提高。

1. 提高大学生文化素养，完善其知识结构

课堂教育是传授知识的主渠道，课余科技文化活动是课堂教育的延伸和补充，校园文化的发展使两者有机结合起来，发挥育人作用。在人类已迈向21世纪的今天，传统的教育教学模式和内容已远远不能满足学生的要求和社会的需要。高校改革的进程，从多个方面直接成为常规教育的手段和不可缺少的补充，为学生提供展示风貌、表现才智、提高能力、发展自我、完善知识结构的广阔天地。良好的校风、教风、学风都是无形的力量，

可以创造积极进取、奋发向上的环境氛围，既使教师以严谨的态度和高尚的人格去影响学生，更使学生亲其师、信其德、学其知，学习的兴趣得以激发，知识得以丰富起来，朝着教师期望的方向发展。

2. 提高大学生的思想觉悟，培养其进取精神

作为校园文化灵魂和核心的校园精神文化引导大学生积极进取，努力成才。校园文化形式多样，寓教于乐，以熏陶为主要手段，是对学生进行教育的有效途径之一；广大学生通过参加校园文化活动，在潜移默化中得到启迪和教育，对自己的人生观和信仰进行审视，达到提高思想觉悟、培养进取心的目的。

3. 提高大学生的审美情趣，加强其自身修养

具有一定文化色彩和教育意识的校园环境，能使学校各种物化的东西都体现出一个学校的个性和精神，使学生不知不觉地受到熏陶、暗示、感染，产生一种崇高文化享受和催人奋发向上的感觉。校园文化中内容健康、形式多样、格调高雅的精神文化活动为大学生充分表现爱美的天性提供了机会和条件，让他们以各自的审美情趣美化生活，培养对美的感受、欣赏、判断和创造力，确立高尚的道德情操和审美情趣，完善自我，自觉抵御那些低级淫秽、腐朽没落，毒害青年学生健康成长的、与社会主义精神文明格格不入的文化活动的影响。

4. 提高大学生多方面的能力，促进其全面发展

校园文化以其奇妙的凝聚力和向心力，把师生吸引到丰富多彩的文化

活动中，从而增加了师生相互接触的机会，扩展了学生交往的空间，锻炼和培养了学生多方面的能力，促进其得以全面发展。科技类校园文化活动对提高学生的科研综合能力和自学能力大有裨益；社会实践活动则能够使学生了解大千世界，丰富自身社会阅历，有助于他们分析问题、认识问题能力的提高；体育类活动则可以强壮身体，培养学生坚韧不拔的进取精神和集体主义精神。同时，不少学生在校园文化活动中既是参加者，又是组织者，他们通过活动还能锻炼自己的领导组织才能。

5.提高大学生的心理素质，增进其身心健康

心理素质教育既是当代心理学的一种新的发展，又是当代学校教育的一种新的发展，同时也是当代社会对心理学和学校教育所提出的新要求。高校校园文化活动的开展为大学生提供了适应大学生生活和社会生活能力的条件和机会；同时心理健康辅导、心理咨询及大学生心理卫生协会等成为学生进行思想感情沟通，增进身心健康，提高心理素质的有效方式。

第三节 总体设计校园文化建设工程

一、校园精神文化建设工程

校园的精神文化是指校园的观念文化和组织文化，亦即通过校园的课程、伦理、消费、艺术、体育、价值体系、道德情感、思维模式等表现出

来的文化。

校园精神文化的建设必须坚持正确的导向，引导学生掌握正确的思维方式和方法，树立正确的价值观。

校园精神文化建设必须同时重视课程文化建设，课程是人类文化传播的一种有效手段。课程的安排、选择，教材的编写，教学的实施，教法的更新，教学的指导思想等都具有时代性，反映着文化发展的趋势，代表着一个时代的精神。课程文化是校园文化建设的重要内容。

要形成凝聚全体学生的校园精神，就必须加强校园组织文化建设。校园组织文化建设是指校园主体的群体舆论、凝聚力、心理氛围等的建设，体现了学生的利益观、科技观、伦理道德观、法制观、善恶观、美丑观等。它往往以校训、校歌、校旗、校徽、校报、校史等多种形式表现出来，对于校园内部关系的协调、学校教学管理会产生巨大影响。

二、校园形象建设工程

校园形象是高校通过自己的行为、教职员工培养人才、为社会提供服务等在社会公众心目中绘制的图景和造型，是公众及自己的师生员工通过其直观感受对高校所做出的全部看法和评价，也可以说是校园留给人们的总体印象。因此，塑造良好的校园形象是具体推进校园文化建设的重点，它主要包括以下内容。

1. 大学生形象

学生既是高校的"产品",又是校园文化的主体。大学生品德、学识、心理状态、健康程度、精神风貌等在用人单位和在公众心目中的形象是校园形象的基础。塑造良好的大学生形象既是塑造良好的校园形象的中心,也是社会对人才的要求。

2. 教师形象

教师是校园文化的主导,教师的素质、文化水平、职业道德、精神风貌和仪表装束对学生都起着潜移默化的作用,并且直接决定着大学生形象的优劣。

3. 管理者形象

管理者形象指校园中的管理者集团,特别是党政一把手的能力、素质、魄力、风度、个人品质和治校成就给学校师生、大学同行和社会公众留下的印象。高校能否适应挑战,获得发展,管理者的做法好坏是关键。

4. 环境形象

校园环境是学校建筑、设施、绿化、美化等的空间物态形式,是校园精神文化的物质载体,优美舒适的环境使人奋发向上、永远进取,对师生员工起着重要的引导、感化、约束、激励、凝聚作用。

三、校园物质文化建设工程

校园物质文化是学校师生员工共同创造的物质成果,是校园文化的空间特有形式，是校园精神文化的载体，是校园精神的体现，是校园形象最直观的反映。其主要内容有以下方面。

1. 校园环境文化

校园环境文化指校容、校貌，校园的整体设计、布局、绿化等。

2. 校园设施文化

校园设施文化指教学设施设备、办公设备、仪器、图书；学生活动、体育等所体现的风格，特别是人们对此的认可态度。

3. 校园方式文化

校园方式文化指传播，特别是精神文化的某些物质载体，如标语、名言、雕塑、画像、纪念碑等。

4. 校园周边环境文化

它对校园文化的建设也有重要影响，推进校园文化建设还必须考虑校园周边文化，只有在一个良好的周边环境中，才能从整体上推进校园文化建设。

第四章 高校校园精神文化建设实践

高校校园精神文化建设是高校校园文化建设的核心内容，同时也是高校校园文化的最高层次。它主要包括校园历史传统和被全体师生员工认同的共同文化观念、价值观念、生活观念等意识形态，是一个学校本质、个性、精神面貌的集中反映。校园精神文化又被称为"学校精神"，并具体体现在校风、教风、学风、班风和学校人际关系上。

第一节 高校校园精神文化的内涵与特征

一、高校校园精神文化的内涵

校园精神文化是在特定历史条件下，在长期的教学、工作与生活等多方面的实践中逐步形成和发展起来的，为学校人所认同的一种群体意识。它包括学校的办学思想、发展目标、价值观念、道德规范、学术风气、治学风格以及学校的传统作风等。积极进取、健康向上的校园精神文化，是规范和指导教师及学生思想行为的无形力量，同时又对提高全体成员的道德素质、陶冶情操，激励师生员工肩负起热爱学校、建设学校的责任感以及调动全体师生勤奋学习、努力工作的积极性、创造性，有着不可替代的重要作用。因此，在校园文化建设中，应以校园精神文化的塑造为重点，着力建设具有鲜明时代特征和学校特色的校园精神文化，使其成为激励师生员工奋发进取的群体意识。所以，高校校园精神文化主要是指高校的历史和传统精神，校园精神文化是大学的内隐文化，是在长期的校园物质文化、制度文化创造过程中积淀、整合和提炼出来的。它包括学校所有成员的群体意识、精神风貌、舆论氛围、心理素质、人生态度、人际关系、价值取向、思维方式和教风学风等。它是由高校的地域、民族、职业、历史文化的影响和知名学人（包括教师、学生、校友）的品格、气质、生命力和创造力共同孕育的。高校校园精神文化的内涵应包括以下几个方面。

高校校园精神文化是一种历史和传统文化。无论建校时间长短，每一所学校都有自己的发展历史，都会有自己的特点。所谓的校园精神文化建设，就是创建有自身特色的学校，紧跟先进文化发展的潮流，着眼于社会需求，发挥出学校的传统与优势，发掘本校的潜力，发挥本校的特长，把学校办得与众不同。高校如北京大学的"教授治校，民主办学，学术自由，兼容并包"的办学指导思想，鲜明体现出这所大学的办学风格，也使得在这种校园精神文化熏陶下的学生在立身行事上都有较强的个性。

高校校园精神文化是一种民族文化。作为一种行为模式（包括制度、规范、认知模式、情感模式、心理模式、审美模式等）的民族文化，调节着民族群体与生存环境、民族社会群体内部、民族个体与社会等多重的关系,并塑造着民族社会的理想人格,为个体提供归属感、幸福感和心理上的依托。同时,民族文化的这些价值和内在意义又常常被符号化、系统化,以象征的方式表现出来,这就使民族文化涂上了五彩缤纷的颜色和带有鲜明耀眼的个性特征,而且在某种程度上决定着一个民族的世界观。

高校校园精神文化是一种地域文化。一方水土孕育一方文化,一方文化影响、造就一方社会。不同社会结构和发展水平的地域自然环境、民俗风情习惯、政治经济情况孕育了不同特质、各具特色的地域文化,代表了不同地区的优秀文化传承。

高校校园精神文化是一种职业文化。高校教育在一定意义上是一种职业教育。校园精神文化建设要以实现培养目标为目的,以培养学生的职业能力与职业素质为主。加强学生的职业素质养成教育,要不断提高学生的职业能力和职业素质,培养学生的创新意识;要注意吸收职业文化与职业精神。校园内的各种基础设施、校园环境、校内外实习实训基地建设都应渗透职业文化与职业精神,使之有利于学生走上社会后能较快地去适应实际工作岗位。

二、高校校园精神文化的特征

高校校园精神文化集中体现了高校独特、鲜明的个性和办学理念,反映着高校的追求和信念。所以,高校校园精神文化具有以下特征。

（一）校园精神文化的时代性

作为文化中心的高校所构建的校园精神文化，要与我国在当前提出建设民族的、大众的文化基本纲领协调一致，要为实现这一奋斗目标提供精神动力、智力支持和良好的人文生态环境。因此，当代中国高校的校园精神文化不单纯是传统文化的人文精神，也不单纯是工业社会的人本精神。它应当既充分吸收东西方文化精神的精华，又具有中国特色；既有助于推动精神文明建设，同时又充分体现人类终极关怀的价值目标。

（二）校园精神文化的实践性

校园精神文化存在着主客体关系，主体是教师、学生，客体是校园文化形态，而实践是主客体的中介和统一，校园文化在实践中形成和发展，在实践中创造了主体。高校是培养高级人才的摇篮，求真、求善、求美是一名大学生必备的品质。因此，校园文化必然显现出实践性的特点。发展校园文化的过程，实际上就是学生自我表现、自我教育、自我管理、自我提高、不断实践的过程。对高校来说，校园精神文化最现实的生命力昭示和最生动的价值性体现就在于大学生创设的校园精神文化实践的舞台，如学生社团、艺术节、运动会等。

（三）校园精神文化的创新性

高校校园文化是以促进人的文明化、现代化的教育为理念，以促进人的创造个性和个性发展为根本目的。所以培养、发展创新精神是校园精神文化理应追求的教育目的和人文理念。校园精神文化要保持自身的一种特殊文明形态和文化群落的人文本性，就必须要承担起以创新精神为关注对象的人文使命。对大学生主体创新精神的召唤，实际上就是对校园文化人文使命精神的弘扬。所以创新是校园精神文化建设的精髓。

（四）校园精神文化的继承性

校园精神文化必然带有学校在几十年甚至上百年发展过程中的历史积淀而表现出来的自身特点。如清华大学"自强不息、厚德载物"和哈尔滨师范大学"敦品励学、弘毅致远"的校训，鲜明体现出这两所大学不同的办学风格。

三、大学精神是高校校园文化建设的核心

（一）大学的创造精神

创造精神是大学精神存在的价值所在，是大学在社会有机体中保证自身地位的根本生命力。文化的继承不能依赖遗传，只能通过传递方式继承并发展下去。教育从一开始就成为传递和保留人类文化的重要手段。爱因斯坦正是在这个意义上理解学校的，"学校向来是把传统的财富从一代传到下一代最重要的手段"。与过去相比，这种情况更加适用于今天。由于经济现代化的作用，作为传统教育的传递者——家庭，已经削弱。因此，比起以前，人类社会的延续和健康，要在更高程度上去依靠学校，大学教

育通过确立教育内容，对人类文化进行选择和整理。通过更新人们的教育观念、价值观念、价值取向，改变思维方式，实现文化的再生。

大学是以人才培养为己任的，而创造性恰恰是人才的核心特质。曾任哈佛大学校长40年之久的艾略特认为，高校校园文化最有价值的成果是使学生具有开放的头脑，经过训练而谨慎的思考态度，谦恭的行为，掌握哲学研究方法，全面了解前人积累的思想。爱因斯坦则更直接地认为："学校的目标应该是培养有独立行动和独立思考的个人，不过他们要把社会服务看作自己人生的最高目的。一个由没有个人独创性和个人志愿的规格统一的个人所组成的社会，是一个没有发展可能的不幸的社会。"

此外，大学也创造社会理想，并把这些理想传递给社会成员，通过人们的实践，使理想变成现实的文化实体。社会理想是社会需要的具体反映，这种需要是反映社会发展规律并以社会发展规律为基础的。由于在文化积累方面的特殊优势，知识分子，特别是集中在大学校园里的知识分子比其他社会成员更能认识到社会发展规律。有对社会规律的认识，就能够提出符合社会发展规律的社会理想。

（二）大学的批判精神

大学里的批判精神与社会其他结构相比，大学具有自身的优势。具体表现在，知识聚集的场所。大学是继承传统科技文化遗产，不断创造新科技文化的场所，聚集了古今中外各种知识，具有很大的知识容量、思想观念和学术思潮的交汇处。大学生产生新思想，包容新观念，在这里不同的学术观念可以并存，不同的思想可以通过学术交流相互影响，具有良好的争鸣传统、追求理想的永恒特性。

从欧洲中世纪早期的大学开始，就有了自治的传统，并以传播知识和研究学问为最高理想，相对超越于社会现实。大学的批判精神首先表现为大学教师在教学和科研过程中能够以科学的态度对待传统与现实，否定非科学的内容，破除迷信与保守主义，建立科学的知识体系。可以这样说，大学的教学与科研发展史就是科学史重要过程的展开史，是一个肯定与否定相结合的扬弃过程。大学批判精神的另一方面是对社会现实的理性反思和价值构建。

（三）大学的社会关怀精神

高等教育是社会发展的必然产物，社会需要是第一推动力。在工业化、信息化的社会，大学已经被卷进社会机器的运转之中。关注现实、服务社会成为高校的第三职能，高等教育通过科学研究直接转化为社会第一生产力——科学技术；通过人才培养，为社会提供生产力中最活跃的因素——高质量的人力资源。社会关怀精神还表现在大学对社会精神文明的参与和建设。除了在生产力方面对社会的贡献外，大学通过直接的人文社会科学的研究和宣传为社会提供精神产品，其中包括哲学研究、文学创作与批判、思想道德建设等。知识分子在提炼和批判社会生活的同时，又把各种精神产品投资到社会，为社会主义建设提供直接的内容。

（四）大学精神的核心

大学精神的核心是以育人为第一要旨，以全面人才教育为大学使命。育人的重点如下：第一是培养学生对国家、对民族的责任感。培养有抱负、有政治远见、有广博知识、有责任心的人。要教育学生以天下为己任，继承前人"国家兴亡，匹夫有责"的报国之情，学习前人"先天下之忧而忧，后天下之乐而乐"鞠躬为民的品德。关心天下大事，使自己服从于社会，服从于国家，服务于人民。二是理想、信念教育。理想和信念是精神世界深层次的问题，它取决于世界观、人生观和价值观。要引导学生树立正确的人生目的、人生理想、人生追求和科学的自然观、历史观、社会观和辩证唯物主义认识论。三是培养爱心。要教育学生爱父母、爱生活、爱事业、爱祖国。四是培养高尚的人格。坚持真理，胸怀坦荡，高风亮节，严于律己，宽以待人，淡泊名利，无私奉献。五是培养自强不息、厚德载物的精神。不但要教育学生如何认知，如何做事，更重要的是如何做人。引导学生敢于奋斗，善于成才。总之，育人的目的就是实现学习科学文化与加强思想修养的统一；学习书本知识与投身社会实践的统一，实现自我价值与服务祖国人民的统一；树立远大理想与艰苦奋斗的统一。使我们的大学生成为理想远大、热爱祖国的人，成为追求真理、勇于创新的人，成为德才兼备、全面发展的人，成为视野开阔、胸怀宽广的人，成为知行统一、脚踏实地的人。

科学技术的力量是无法抗拒的。科技改变了人的观念，改变了人的生活方式，改变了经济发展模式，改变了社会发展进程。大学的主要任务是传播科学精神、培养科学素养。科学精神是尊重规律、实事求是、勇于探索、敢于创新、坚持真理、修正错误、实证实干和独立的精神。科学素养是指参加国家文化事务，经济生产和个人决策所必须具备的科学概念和科学过程的知识水平和理解程度。具体地说，能认识世界的多样性和统一性；掌握科学的基本概念和原理；了解科学、数学和技术的作用和局限性；具有用科学方法思维的能力；能够用科学知识和科学思维方法处理和解决社会及个人问题。要对学生进行科学研究的锻炼，鼓励主动，允许失败。通过科学研究的实践，逐步培养学生的科学观念、科学精神、科学方法和科研能力。

大学之道，在于育人；育人之道，在于大师。师强则学子成才，师惰则误人子弟。办好大学的奥秘在于名师如林、唯才是用、兼容并包、宽容尊重。学术上需要有兼容并包的精神，要鼓励学术自由、民主竞争、思想碰撞、中外交流。学生既可读《诗经》，也可读《圣经》。正如《礼记·中庸》中所说，应引导学生"博学之，审问之，慎思之，明辨之，笃行之"，使大学成为科学与艺术的实验室，成为学子崇拜的殿堂，成为博大精深的思想库，成为精英人才的聚集地。大学的民主精神主要体现在民主管理和民主施教上。实施民主管理必须更新教育观念，改革教育体制，鼓励多样化，建立公平竞争的环境与机制，建立规范化、法制化的管理模式。要求大学管理者的作风与品质，不是自信专横，而是从善如流；不是故步自封，而是善于进取；不是因循守旧，而是富于想象；不是高高在上，而是深入群众；不是妄自尊大，而是对自己能力的局限性有自知之明。

大学作为一个存在的实体，活生生地展现在人们的眼前，而寄存于这一实体中的精神却不能仅靠视觉观察，必须深入其中才可体会。"精神"一词抽象却富有魅力，大学的魅力正在于它的精神。大学精神的内核是一种不媚俗的精神，既是潜心向学的纯粹的学术精神，又是引领社会，敢于不随波逐流的正确的批判精神。

大学精神有着丰富的内涵，对大学的生存与发展起着至关重要的作用。

世界上任何一所知名大学都有自己独特的大学精神，这不仅是一笔宝贵的财富，也是大学魅力之所在，更是大学持续发展的动力。在我国建设世界一流大学的道路上，在大学之间竞争越演越烈的今天，大学精神的塑造是必不可少且尚需加强的一个重要环节。

四、在高校开展精神文化建设的重要作用及意义

（一）大学精神推动校园文化建设

校园文化是大学精神的载体，大学精神的塑造和发扬应与大学校园文化的建设同步进行。值得注意的是，校园文化不仅包括物质文化，而且还包括制度文化和观念文化。制度文化和观念文化在某种程度上比物质文化

(校园环境建设)更为重要。很多大学只重视校园环境——硬件方面的建设，而相对忽视校园制度文化和观念文化软件方面的建设。因为校园环境的改善是看得见的，而制度和观念文化的建设却不能很快收到成效。这种短视行为，使大学校园文化中制度文化和观念文化成为"软肋"，带来了不少显而易见的不良现象。因此，校园文化要通过对大学生德、智、体等方面的全面培养，形成其健全的人格素质，把体现大学精神的科学态度、文明风范、价值观念等带到社会上，影响和感染其他人。

一是弘扬优良传统，实现文化引领，在大学精神的传承与创新中推进高校校园文化建设。大学精神既是高校历史文化的积淀，又是时代精神的升华。作为中华民族传统历史文化的一种传承和发展，我国许多高校的大学精神均融合了中华民族优秀文化传统精神的元素，成为这些高校生生不息、永葆活力的宝贵精神财富。同时，大学精神也与高校自身发展的历史传统息息相关。大学精神既要根植于历史传统，也要立足于当代，与以改革创新为核心的时代精神相契合。总之，大学精神的传承精神和创新精神为高校实现文化引领，推进校园文化建设奠定了深厚的文化根基，提供了源源不断的精神动力。

二是凸显人文关怀，在人文精神与科学精神的交融中推进高校校园文化建设。在高校里，大学生既是大学精神的创新和培育主体，也是校园文化的建设主体。在高校校园文化建设中，必须坚持以学生为本，凸显人文关怀，大力弘扬和培育人文精神和科学精神。在实践中，既要把教育人、引导人、鼓舞人与尊重人、理解人、关心人结合起来，把人文关怀送到校园的每个角落，又要在高校校园内营造出一种追求真知、崇尚科学的气氛。这样，才能不断提高大学生自身的人文素质和科学素质，并充分发挥其在建设校园文化中的主体作用。

三是秉承公正，兼容并蓄，在批判精神和包容精神的交相辉映中推进高校校园文化建设。批判精神是大学精神所固有的精神，作为学术研究和文化创新的重要基地，高校只有秉承公正，对各种学术观点和文化理念做出公正客观的价值评价，才能真正发挥其对学术和文化发展的引领功能。包容精神是一种兼容并蓄的开放精神，是一所高校谋求高端发展的生存之道、生命之源。在高校里，坚持包容精神，就是要依据社会主义文化发展的基本要求，树立多样共生的理念，从不同学术和思想文化的争鸣、比较中汲取养分，求同存异、和合共存。唯此，高校才能成为新知识、新思想产生的摇篮和基地。

精神文化是校园文化的核心和灵魂，它集中反映出一个学校的特殊本质、个性及精神面貌，体现学校的办学宗旨、培养目标及其独特风格，是文化的最深层的东西。加强学校的精神文化建设对学校厘清办学思路、明确办学目标、促进学校管理、加强教师队伍建设、改善学生的精神面貌、全面推进素质教育和提高办学效益起着关键作用。只有优秀的精神文化才能孕育出优秀的学校教育。

校园精神文化是师生员工精神的避风港和养分的补给站。它虽然看不见、摸不着，但是，它一旦形成，就会建立起自身的行为准则、价值取向、生活习惯和规范体系。它可以通过各种文化仪式来引导群体成员的行为、心理，使其在潜移默化中接受共同的思想引导、情感熏陶、意志磨炼和人格塑造，产生一种巨大的向心力和凝聚力。它对学校师生员工的思想和行为有着一定的约束作用，使他们能够自觉正视道德冲突，解决道德困惑，明辨是非界限。它的形成、传播和发展，充满着创造活力和创新精神，能激发学生探索奥秘、努力学习的自觉性和主动性，促进大学生创新能力的提高。

校园精神文化是反映大学在长期的办学历程中所形成的理想、信念、情操、价值取向和道德水平，以及逐步形成的传统、风格和特色等具有鲜明个性特征的校园文化形态。它是为广大师生所认可的一种积极的思想成果和精神力量，是学校宝贵的精神财富，是校园文化的核心。大学是认识未知世界、探究客观真理、为人类解决面临的重大课题提供科学依据的前沿阵地，是知识创新、推动科学技术成果向现实生产力转换的重要力量。为此，大学必须弘扬求真务实、严谨创新、追求卓越、艰苦奋斗的科学精神，要保持大学师生的学术良知和人文情怀。

（二）精神文化建设是高校文化建设的灵魂

大学历来是继承、传播、创造先进文化的重要基地，同时也是各种意识形态交汇激荡的重要场所。因此，大学在发展过程中必须加强精神文化建设。既要教学生做事，又要教学生做人；在注重科学技术教育的同时，也要重视精神文化教育，这才是以人为本的教育。我国高等学校肩负着为社会主义现代化建设事业培养"四有"新人的重任，是精神文明建设的重要基地，对文化的发展具有继承、吸收、创造、传播的功能。

首先，高校通过系统、持久、有选择、大规模的教学活动，可以把民族优秀传统一代一代地传承下去，让文明之光生生不息。其次，高校在继承本民族优秀传统文化的同时，善于吸收、借鉴世界各民族的优秀文化，在中外文化的融合碰撞中，根据时代的需要，努力创造出新的文化成果，不断把有中国特色的社会主义文化推向前进。最后，高校在培养人才的过程中建设先进文化。先进文化是在培养专门人才的过程中传播和创造出来的，专门人才又是先进文化所熏陶哺育出来的。高校精神文化就是要准确地反映中华民族在各个历史时期及发展过程中的基本要求和愿望，准确体现中华民族的优秀传统和精神，并昭示和预见中华民族发展的正确方向。

高校精神文化在体现学校的精神风貌、文化特色、发展方向的同时，还包含了社会主义精神文明和政治文明建设对培育大学生的思想道德修养的自觉性，反对个人主义、拜金主义、享乐主义，抵制封建主义残余的影响和资本主义腐朽思想的侵蚀，不断提高爱国主义、集体主义、社会主义的思想觉悟，发扬自尊、自信、自强的民族精神和艰苦奋斗的传统，努力树立正确的世界观、人生观、价值观，成为有理想、有道德、有文化、有纪律的社会主义建设者和接班人，对实现我国社会主义现代化和中华民族的全面振兴，有着不可估量的巨大作用和极其深远的意义。

一所学校首先要建设规范化的教学设施。教学设施作为硬件系统，是学校文化建设的保障，学校通过对校园合理布局、建筑物装饰、名人塑像和绿化美化等景观建设，为学校发展提供优美的物质环境。其次，还要赋予各种硬件文化内涵，比如，饱含历史和文化精神、人文理念的"北大红楼"，虽然很简朴，但经历过无数的风风雨雨，见证过多少大事，当师生站在其面前，历史、文化内涵、先贤哲言均扑面而来，仿佛就在眼前，文化教育的意义胜过谆谆教诲。学校可对教学设施进行文化定位，对教学楼、体育馆等进行主题命名，点明今后教育内容和发展方向，在日常工作中，对硬件环境进行文化打磨，开展各种德育活动、名人演讲、专题学习，引导师生参与，增加文化底蕴，实现硬环境的人文化，提高其育人功效，最终实现优雅育人环境与充满文化内涵的教学设施充分结合，全面发挥环境在塑造和熏陶学生中的作用，做到环境影响人的发展，为学校文化发展提供动力。

总之，精神文化建设是学校文化建设的灵魂，学校要确定办学理念，为校园文化发展提供理论基础，既要继承优良传统，又要敢于创新。从培养人才的角度出发，实现师生共同发展。

第二节　高校校园精神文化建设的途径及方法

一、高校校园精神文化建设的基本途径及方法

（一）要逐步开展校风、教风和学风等相关建设

首先是校风建设。校风是全校师生员工共同努力，在长期教育管理中逐步形成的、相对稳定的精神状态和作风。它是道德情操、学习风尚、工作态度的综合反映。从校风体现形式上看，校风主要表现在校训、校歌、校徽和校旗上。优良的校风激励着教师为人师表、教书育人，同时也鞭策着学生勤奋学习、积极向上。其次是教风建设。教风是教师在长期教育实践活动中形成的教育教学的特点、作用和风格，是教师教育理念、道德品质、文化知识水平、教学技能等素质的综合表现。最后是学风建设。学风是指学生集体在学习过程中表现出来的治学态度和方法，是学生在长期学习过程中形成的学习习惯、生活习惯、卫生习惯、行为习惯等方面的表现。

1. 校风建设。校风建设实际上就是校园精神的塑造，校风作为构成教育环境的独特的因素，体现着一个学校的精神风貌。在校风体现形式上，校风主要表现在校训、校歌、校徽和校旗上。好的校风具有深刻"强制性"的感染力，使不符合环境气氛要求的心理和行为均时刻感受到一种无形的压力，使每一位校园人的集体感受日趋巩固和扩展，形成集体成员心理特

性最协调的心理相容状态；好的校风具有对学校成员内在动力的激发作用，催人奋进；好的校风对学校成员的心理发展具有保护作用，对不良的心理倾向和行为具有强大的抵御力量，可有效地排除各种不良心理和行为的侵蚀和干扰。

2. 教风建设。教风是教师在长期教育实践活动中形成的教育教学的特点、作风和风格，是教师道德品质、文化知识水平、教育理论等素质的综合表现。要抓好校风建设首先必须要抓好教风建设（包括工作作风建设），因为学校是育人的场所，是人才的摇篮，而教师是人才的培养者，理应在"三育人"（管理育人、教书育人、服务育人）的过程中发挥主力军的作用，只有在干部职工中树立起实事求是、艰苦奋斗、勤政廉政、团结协作、高效严谨、服务周到、细心耐心的工作作风和在教师中树立起为人师表、教书育人、治学严谨、认真负责、耐心细致、开拓进取的教风，才能引导学生和促进勤奋学习、积极向上、严谨求实、尊师重教、遵纪守法、举止文明的优良学风的形成。总之，没有良好的工作作风和教风就难以形成良好的学风。

3. 学风建设。学风是指学生集体在学习过程中表现出来的治学态度和方法，是学生在长期学习过程中形成的学习习惯、生活习惯、卫生习惯、行为习惯等方面的表现。优良学风像校风、教风一样，对学校教育教学质量的提高，对学生人格品质的发展和完善，对培养学生成为德、智、体、美、劳全面发展的接班人，都有着重要意义。学风不仅受校风、教风的影响和制约，而且对校风、教风的形成起促进作用。优良的学风对学校教育教学质量的提高，对学生人格品质的发展和完善也具有重要意义。

4.学校人际关系建设。学校人际关系包括学校领导之间的关系、学校领导与教职工之间的关系、教师之间的关系、教师与学生之间的关系、学生与学生之间的关系。良好的学校人际关系有助于广大师生员工密切合作，形成一个团结统一的集体，更好地发挥整体效应。

（二）大力开展第二课堂文化建设

第二课堂在高校校园精神文化建设工作中起着特别重要的作用。高校对学生的培养教育主要是通过两大课堂同时进行的：第一课堂是进行教学活动，它对人才培养提出普遍性要求，解决的是共性问题；第二课堂是在教学计划之外组织学生开展的各种有意义的教育活动，主要包括政治性、学术性、知识性和娱乐性的活动。第二课堂的目的是发挥学生的特长，解决的是特殊性、个性的问题。第二课堂文化活动的实践作为一种特殊教育渠道，能够达到第一课堂教学无法代替的教育效果。丰富多彩的第二课堂文化活动，可以形成良好的环境氛围，有利于学生陶冶情操、拓展视野和丰富知识。

（三）充分认识和利用网络文化

高校要站在时代的高度，走在信息革命的前列，以敏锐的眼光认真研究、总结和把握网络文化的客观规律，充分利用网络这一载体，广泛传播文明，抵御不良影响，占领校园网络阵地。要让主题鲜明、丰富多彩的精神文化网站、网页成为高校校园多层次、立体化、综合性校园文化和教育体系的前沿阵地。网络有利于提高校园精神文化和思想政治教育的针对性、实效性和主动性，扩大了覆盖面，增强了影响力，并受到了广大师生的欢迎。

二、高校校园精神文化建设的基本原则

大学是知识分子思想自由奔放的家园，大学精神充分体现、弥漫于校园文化中。较之于社会的其他角落，大学校园显得更为纯净。身居其中的大学人也不知不觉受校园文化的影响和熏陶而表现出不同的性格特质。例如，人们总体认为北大人好动、灵活、争强好胜，而清华人好静、踏实、谦虚谨慎。特定的校园文化熏染出特定的群体个性，特定的群体个性中透露和折射出特定的大学精神。校园文化的核心内容是精神、价值、作风和理想追求。美丽的校园环境只能给人留下表面印象，而校训、学风、教风、传统、讲座等价值层面的成分才能真正给人以深刻的启迪和实实在在的影响。因此，塑造或发扬大学精神也必须不断加强校园文化的建设，尤其是制度文化和观念文化的建设。

高校校园精神文化的建设并不是一蹴而就的事情，而是一个继承、借鉴、创新的综合过程。具体应围绕以下几个基本原则进行。

（一）科学教育原则

科学精神不仅是精神文化建设的重要内容，也是高校教学的重要目的。这就要求教师在教学过程中具有科学的理念并运用科学的方法。强化自身的科学精神和态度，率先垂范为学生树立榜样。同时在教学过程中要培养自身实事求是的科学态度，把解放思想和实事求是结合起来。另外，在日常生活中要坚持真理，反对谬误，提升自身的鉴别能力。在纷繁复杂的社会环境中，努力尊重客观事实和规律，从实际出发，按客观规律办事，使科学精神在现实生活中得到体现。校园精神文化建设是学校的一项整体工程内容之一，它涉及面广，需要调动方方面面的力量，学校应精心统筹、科学规划、合理安排，避免出现各行其是、相互掣肘的局面。

（二）正确建构大学生德育观、注重人文精神的原则

古人云："百行德为首。"人无德不立，国无德不兴。道德建设的好坏，体现着一个国家民众的精神状态，影响着一个民族事业的兴亡胜衰。道德兴，国家兴；道德兴，民族兴。这是现实所得出的结论。学校是教育人、培养人的场所，校园文化作为学校教育的一部分，首先必须突出教育性特点，时时处处把握教育性原则。只有这样，才能充分发挥校园文化潜在的导向功能。

精神是人把握世界的价值取向，人文精神则是人把握人与社会和人与人关系的价值取向。把人文精神融入高校人才培养的全过程，落实到教育

教学的各个环节，这是高校校园精神文化建设的客观要求和必然趋势。要引导学生根植于中华民族优秀的传统文化，客观地学习民族历史，全方位地去了解中国国情，进而增强民族的自尊心和自豪感；同时，培养学生做人的责任感，提高他们的思想认识，完善他们的道德境界。在人文精神培养中，让人的本性、人的尊严、人的潜质得到最大的实现和发展。

注意人文精神，高校还应同时开展理想信念教育，提升大学生精神追求。理想与现实之间的互动，是一个社会稳步向前迈进的永恒的因子。正因为如此，必须始终对人们进行理想教育，使人们对现实保持适度的超越。尤其是在市场经济改革的历史进程中，大学生的理想信念教育更是不容忽视。进行理想信念教育，就是要把理想信念教育与引导大学生理性地追求合理的个人利益结合起来，帮助大学生去正确地处理各种利益关系。针对不同学生的思想实际，确定不同的教育起点，从而使理想信念教育能够深入人心，最终达到提升大学生精神层面的需求的目标。

（三）统筹协调、不断创新的原则

大学文化建设是一项复杂的系统工程，要做到整体规划与分步实施相衔接、共性文化与个性文化相协调。既注重顶层设计，也要做好任务分解和责任落实；既彰显学校文化的共同特征，也鼓励基层单位结合自身特点开展个性文化建设。与此同时，还要面向学校发展战略目标和国家建设需要，不断赋予学校精神文化以时代精神，既要发掘传承学校的历史与文化，又要解放思想勇于创新。在坚持科技特色的同时，发展人文精神；在弘扬中华民族优良传统的同时，加强国际交流与借鉴，在实践中不断提升高校校园精神文化建设的方方面面。

三、高校精神文化建设中应当处理好的几个关系

（一）要处理好传统和现代的关系

高校校园精神文化的塑造，离不开中华民族的优秀文化传统。五千年的悠久历史给我们留下了博大精深、源远流长的传统文化。团结统一、独立自主、爱好和平、自强不息等传统为校园精神文化建设奠定了深厚的文化底蕴。因此，在校园精神文化的塑造中，要正确处理好继承与发展的关系，"取其精华，去其糟粕"，对其中凡是能够凝聚人心、塑造崇高精神、适应时代发展、推动历史进步的内容都要很好地继承和发扬，而对那些封建、愚昧、落后甚至腐朽的东西，则要坚决彻底地摒弃，要坚持用代表中国先进文化前进方向的优秀文化占领高校的思想文化阵地。

（二）要正确看待虚拟与现实的关系

互联网的迅猛发展和广泛应用，标志着我国开始进入信息时代。高校的教职工和学生以其较高的科技文化素养和便利的工作学习条件捷足先登，率先进入网络时代。网络及网络文化在校园的兴起，给高校校园精神文化建设既带来了机遇，又提出了一定挑战。一方面，网络以其信息量大、传播速度快、工作效率高、空间广阔、多媒体运用等优势，给教职工和学

生的学习生活带来了极大的便利；另一方面，隐藏在互联网中的一些不良因素也会给教职工特别是青年大学生的思想观念、价值观念、行为方式等带来消极影响，如沉溺于虚拟世界，价值取向紊乱，道德判断力削弱，道德人格缺失，等等。这就给校园精神文化建设带来了许多前所未有的问题。因此，我们要充分利用网络为建设健康向上的校园精神文化服务。

（三）要处理好课堂教学与养成教育的关系

高校以课堂教学为主战场，但是，许多良好的习惯和作风是在养成教育中进行的，在教育教学过程中，养成教育是形成良好校风、学风的关键。良好的日常行为习惯是学生从事其他活动的重要前提，而良好行为习惯的养成则是优良品德形成的重要标志。因此，在教育过程中要特别注意良好行为习惯的养成教育。

（四）要处理好思想政治教育与高校校园精神文化建设的关系

当前，随着市场经济的发展，一方面，一些学生以自我为中心，以个人为本位的价值主体自我化、价值取向功利化、价值目标短期化趋势日益突出，少数学生道德人格的塑造走入误区，引起其身心的失落和彷徨。另一方面，大学生作为最具竞争心理、开拓意识、批判勇气和创新精神的实践群体，是学校精神文化最热情的需求者和最积极的创造者。在实践精神的感召下，校园精神文化洋溢着创造性，反映出大学生在政治、思想、道德等方面的倾向及个性行为方式的特征。这种创造性从某种程度上说既是大学生生命主体形象的设计和诠释,又是其知识文化底蕴和潜能素质的外化与彰显。因此,完善人格和实践精神,是大学校园精神文化的鲜明特点。

第三节 大学生个性化心理健康教育

随着教育改革的不断深化,教育界与全社会已经认识到素质教育和能力教育的重要性,现阶段对大学生开展个性化心理健康教育,不仅是当代心理学及大学教育的一个新发展,同时也是当代社会对心理学和大学教育提出的新要求。个性化的心理健康教育逐渐在当代大学教育中占据越来越重要的位置,广泛意义上维护了大学生的心理健康,增强了学生的个性心理素质。

一、个性化教育与心理健康教育的关系

(一)个性与心理健康

个性又称人格,是个体所独有的各种特质或特点的总和。个性心理特征包括能力、气质、性格等。能力是个性中最基本的特征,是个体顺利完成各种活动所必须具备的影响活动效率的个性心理特征。性格是个性特征中的核心部分,是个体对现实的稳固的态度以及与之相适应的习惯化的行为方式。气质是个体行为的全部动力方面的典型的、稳定的心理特征的总

和,是个体在情感发生的速度、强度、外部表现、活动灵活性方面的特点的总和。

大学生的个性包括两层含义。第一,是每一个大学生身上经常、稳定地表现出来的心理特点。从这个意义上说,每个大学生都具有自己的个性,而每个人都是不同差异性的个体。第二,整个大学生社会群体角色上体现出来的与其他人不同的、稳定的特点,这些特点都是在特定的环境中形成的,具体来说,就是大学生在大学的学习和生活环境中逐渐形成和发展起来的。

关于心理健康,确切地说,迄今为止还没有一个统一的、为业界公认的概念,但是综合国内外学者的研究,目前普遍认为大学生心理健康的标准大致包括以下内容:智力正常、情绪稳定、意志健全、人格完整、自我评价正确、人际关系和谐、社会适应正常、心理行为符合年龄特征等。

个性与心理健康之间的关系密不可分,良好个性的培养是心理健康的重要内容之一,心理健康必然要求个性的协调和统一发展。只有具备良好个性的人才能不断通过自身个性的完善与培养,去增进自己的心理健康。

(二)个性化与心理健康

心理学家荣格对个性化的阐释包含两层意思:一是形成独特的、独立的个性;二是重建心理的完整与统一。由此可知,个性化是一种心理过程。既然是过程,那必然是运动的、发展的。

在个体个性化过程中，不同阶段的个体面临着不同的发展任务，不同的需求和心理成分会得到不同程度的发展，因而造成个性内部结构的不协调，特别是在不同年龄阶段的过渡时期，这一矛盾表现得更为激烈，进而导致各种各样的心理冲突或矛盾。每个人在青年时期都在探索并且尝试建立稳定的自我同一感。因此，自我意识是个性结构的重要组成部分，同时也是个性结构的核心。在个体发展的不同阶段，引导个性结构成分围绕自我意识这一核心，逐渐形成健康、合理的个性心理结构，对大学生的心理健康来说十分必要。

（三）个性化教育与心理健康教育

个性化教育并不是否定传统的模式化教育，不会破坏当今的班级或群体教学中共同性的获得与培养，而是在此基础上引入对学生更为公正的评价体系。评价学生的标准不再是听话、分数和知识的累积，而是个性的完善和潜能的发挥。个性化教育的根本目的不在于智力培养和知识技能的获得，而是通过对学生兴趣、态度、动机、情绪、好奇心、想象力和个性特征的培养，最大限度地实现其潜能的发展。

基于个性化教育的心理健康教育会更加关注学生的心理，尤其是心理素质的优化，强调培养学生健全的个性，采取预防性、矫正性和发展性相结合的教育策略。这样不仅可以矫正和预防学生的心理健康问题，而且能够培养他们自身良好的个性心理品质，使他们能够应对学校乃至以后工作和生活中的各种压力，保持健康心理，拥有幸福人生。

（四）对大学生开展个性化心理健康教育的必要性

心理健康已经作为一种现代观念被人们广为接受。心理健康教育是实施素质教育的一个重要环节，是素质教育的重要组成部分，它面对全体学生，积极地、建设性地按学生心理发展的规律和个性特点，有计划、有步骤地培养和提高学生的心理品质，开发潜能，并通过自我教育，使之得以不断自我完善。因此，心理健康教育在现代人的实际生活中起着越来越重要的作用。个人的幸福和心理健康主要取决于个性的平衡和健全的发展。一个人的知识和智力处于中等水平，并不妨碍他获得幸福的生活和健康的心理。只要他的各方面发展比较平衡，有健全的自我、乐观的性格和正确的人生观，就可能会比许多高智力、高知识的人更幸福。知识和智力与健康和幸福并不是成正比的，有的人知识智力水平很高，但个性心理发展不健全，因而痛苦终生。传统教育强调知识和智力的发展，而忽略了个性发展，因而使不少学生个性不平衡，出现许多心理健康问题，如自卑、抑郁、焦虑、强迫症、人际关系障碍等。

我们的许多心理问题、许多工作和生活中的烦恼，都与我们的"自我认识"有着密切的关联。不管是自卑、自我贬低，还是自大、自我夸张，这些都是心理的缺陷和障碍，都是由于缺乏基本的自我认识能力所导致的。心理学家的研究还表明，基本的自我认识能力，也是一个人智力发展的必要因素；基本的自我认识能力，将影响着一个人整体能力的表现与发挥。

在传统教育中，许多学生学业增长，但个性发展并没有跟上，缺乏良好的个性心理素质能力，对于日益增多的各种压力难以适应，因而陷入了各种心理健康问题而不能自拔。对于这些学生，如果不给予适当的心理辅导和个性教育，他们的心理问题就有可能长期得不到解决。个性化心理教育强调培养大学生健全的个性。个性障碍的心理问题，也是较为严重的变态心理表现。患有个性障碍或个性发展不健全的人，大都会表现为心理功能的失调，偏执怀疑，很难与人相处；盲目自恋，无视他人的存在；行为怪僻，背离社会常规和规范。在传统的心理咨询和心理治疗中，已经把个性障碍列为主要的工作对象。通过心理学家的帮助，有希望使患有个性障碍者恢复正常的心理生活。目前，人们一般把个性障碍的根源，追溯到一个人个性发展过程中的畸变或不成熟。通过个性化心理教育，可以促进大学生心理生活的健康和谐，促进大学生个性心理品质的充实与完善。心理学家指出，良好的个性心理素质是人才成功的关键。一个人只有通过更好地了解自己，尤其了解那份让自己独一无二的品质，才会变得更有活力。

二、大学生个性化心理健康教育的基本内容

1.在日常接受教育方面，大学生应积极悦纳自我。这是为培养大学生在生活、学习、人际交往中最急需、最基本的心理素质而设立。目的是让大学生努力认识自己、看清自己，接受自己不满意的部分，要学会接纳自

己。内容包括增强心理能力、开发创造潜能、塑造健全人格、学会与人交往、学会爱的品质、规划职业生涯等。

2. 在课内课外训练方面，大学生应积极参加相关活动，做到有效控制自我。自我控制是个体主动改善自己的心理品质、特征及行为的心理过程，是大学生健全自我意识、完善自我的根本途径。目的在于帮助大学生掌握心理调节的方法和技能。内容包括建立社会支持系统、增强挫折耐受力、情绪与情感的调节等。在此层面，学生可根据自己的兴趣或需要自主选择进入不同的主题进行训练。

3. 保健层面，不断超越自我。加强自我修养，不断进行自我塑造，达到完善自我、超越自我的境界是大学生健全自我意识的终极目标。健全自我的过程也是一个塑造自我、超越自我的过程，主要是帮助大学生消除认知上的无知误解和歪曲，并解除情感上的固着和阻滞，摆脱行为上的技能缺乏，最终帮助大学生走出心理困境。内容包括如何应对心理危机、如何寻求心理援助等。在此层面，那些没有心理问题和困扰的学生可以不参加。

三、大学生个性化心理健康教育的基本原则

（一）心理健康教育面向全体大学生的原则

传统的大学生心理健康教育的重点只放在预防大学生的心理危机的发生、矫正和疏导大学生的心理困扰两个方面，而把促使学生心灵成长和生

活幸福的作用放在次要位置，工作的主要对象是个别学生。不仅受益人群有限，而且忽视绝大部分普通大学生群体的需要，使得大多数学生认为只有心理有病的人才需要心理健康教育。这样的想法不仅让那些对心理健康知识有兴趣的学生抱着无所谓的心态去参加相关的教育活动，同时也让另一些迫切需要帮助的学生望而却步。事实上，大学生心理健康教育是所有大学生的必修课，大学生需要相应的心理健康知识，以使自己的生活更加幸福完美。因此，基于个性化教育的大学生心理健康教育工作应该由点及面，致力于改善所有学生的心理健康状态，着眼于全体大学生当下的心理健康和终生的生活幸福，避免只针对极少数存在心理问题的学生，尤其要切忌把心理健康教育等同于心理咨询、把心理咨询等同于心理治疗这种想法。

（二）注重培养大学生积极品质的原则

传统的大学生心理健康教育目标定位于心理问题的评估和矫正，往往重心理疾病的诊治而轻心理问题的预防、重心理障碍咨询而轻心理发展咨询。然而，消除负性心理品质不等于培养起正性心理品质；知道怎样避免负性情绪，不等于学会如何增进正性情绪；知道怎样克服悲观、自卑、忌妒等不良人格，不等于学会如何发展乐观、自信、宽容等积极人格。所以，基于个性化教育的大学生心理健康教育要引入积极心理学的理念，坚持一种积极取向，把积极心理品质的培养提升到比克服消极心理品质更加重要的地位，将主观幸福感的生成、沉浸体验的引发、希望和乐观特质的形成、积极人格的实现、积极社会关系的建立等内容融入大学生心理健康教育之中。

（三）理论教育与实践训练并重的原则

传统的大学生心理健康教育不是过分重视行为习惯训练，就是片面强调理论知识的传授。前者忽视理论知识在个体行为习惯养成中的作用，这种做法与早期行为主义心理学家训练动物相似，属于一种与心灵隔离的教育活动；后者忽视实践训练在大学生心理素质培养中的作用，学生不能把知识转化为相应的心理能力和心理调节技能。知识及道理并不能自动转化为实际行动，因此，基于个性化教育的大学生心理健康教育，就是要做到知行合一，认知和技能并重，既要教授大学生心理发展的一些特殊规律，为培养大学生的积极情绪、塑造积极人格、发展积极品质奠定坚实的认知基础，同时也要结合相关知识内容进行形式多样的心理训练，促进知识向能力和素质的转化。

（四）尽量满足大学生个性需要的原则

学生的需要是多方面、多层次的，只有充分尊重和满足每个学生的个性化需要，才能提高心理健康教育的针对性和实效性，减少盲目性和随意性。当前的心理健康教育忽视学生心理是否健康，心理问题归属，教育训练方式千篇一律，既浪费教育资源，又对学生个性发展无益。基于个性化教育的大学生心理健康教育既要面向所有人，又要针对少数人，把理论教学、团体训练、小组辅导、朋辈互助与个别咨询结合起来。其中，理论教学、团体训练面向所有人，主要进行心理健康知识教学，强调心理健康知识的普及宣传，旨在积极人格、积极品质的培养、塑造，具有普及性；小组辅导、朋辈互助则针对部分人，重点实施心理行为训练，意在解决部分学生的心理困惑，强调心理健康方法和技术的传授，重在实用性；个别咨询针对少数存在心理问题的学生，专门开展特殊心理问题的矫正和心理危机的干预，注重心理疾病的防治和诊疗，突出针对性。

（五）将显性教育与隐性教育相结合的原则

大学生心理健康教育理论课程教学除了已有的知识和技能等外显的内容外，还应该渗透社会的主流意识和价值观等隐性的内容，以发挥心理健康教育的合力，提高大学生心理健康教育的实效性。基于个性化教育的大学生心理健康教育内容会在显性课程之外，辅之以形式多样、丰富多彩的高校校园心理文化建设活动作为隐性心理课程。例如，新生心理健康广场宣传活动、心理健康教育节活动、心理沙龙活动、心理游戏、心理健康教育刊物编印、心理健康教育手抄报比赛等，对大学生的心理素质给予潜移默化的积极影响。

四、大学生个性化心理健康教育的实施途径

基于个性化教育的大学生心理健康教育应是面向全体,以发展为主,以教育为主。高校应构建一个专门的心理健康教育组织,在有组织保障的前提下,将课堂教学、课外活动、个别团体咨询等形式有机结合来实施大学生心理健康教育。

1. 进一步健全大学生心理健康教育组织网络,加强个性化网络建设。组织是一个有共同目标和一定边界的社会实体和活动过程及活动系统,有组织才能保证大学生心理健康教育工作有计划、系统而科学地展开。首先应当构建一个立体化、专兼结合、多元化组合的网络体系。具体而言,就是从学校领导层到学生管理部门、教学管理部门、各院系,再到专兼职心理教师、学生辅导员、任课教师,按一定的方式去组织起来,建立一个立体化、专兼结合、多元化组合的工作机构,从不同层面、不同角度、不同渠道去开展工作,通过协同努力,从而实现大学生个性化心理健康教育整体优化的目的。

2. 创建大学生心理健康教育的学科教学体系。教学的目的在于帮助受教者形成信念、态度及技能。只有成立心理健康教育教研室,把心理健康课程(如"大学生心理健康与成长""大学生心理健康教育""心理学原理与应用""大学生成功心理素质训练""心理学与生活"等)纳入大学

生教学计划，使之成为大学生的必修课程，才能调动全体师生参与的积极性，共同完成心理健康教育任务，在层面上得到更进一步的普及。

3. 心理健康教育可针对个别、团体分别进行不同咨询和培训。心理咨询是心理咨询者通过和咨询对象的商谈、讨论，启发和指导他们解决各种心理问题，使其能够更好地适应环境，保持心理健康。成立大学生心理咨询中心，由心理学专业人员根据大学生心理普查情况建立大学生心理健康档案，把有同类问题的学生集中起来进行团体咨询和培训，优化心理素质，开发潜能，帮助他们实现自我价值。对需要特殊帮助或心理问题严重的学生进行个别咨询。

4. 开展丰富多彩的心理健康课外活动，让个别与集体互动。大学生既是高校心理健康教育工作的客体，又是主体，其主体性体现在自我教育过程中。成立大学生心理协会，多吸纳学生参与，利用这个学生组织开展多种（如心理沙龙、朋辈互助等）心理健康活动；针对学生普遍存在的心理问题集中开设心理健康教育专题讲座。

5. 加强校园文化建设，体现个性化教育理念。校园文化建设是以大学生为行为主体的一系列文化活动，它对提高大学生的人文素质，培养大学生的综合能力和团队精神具有重要意义。实施心理健康教育，还可以利用学校的隐性课程校园文化，把无声的教育与有声教育结合起来，使之相得益彰，让大学生人格在心理文化中得到熏陶，使大学生的心理素质在此过程中得以优化。可通过创办大学生心理健康报刊、建立专门的心理健康教育网站、校园笑脸墙征集与展示等方式来进行。

6.开展心理健康教育专题研究。除了从实践经验方面进行心理健康教育外,还应从理论上进行深层次的研究,通过对日常关注与咨询个案中有心理异常的学生进行一定的实证研究和跟踪调查,针对学生的实际情况进行相应的心理健康专题研究,真正把心理健康教育上升到科学高度。

基于个性化教育的心理健康教育是以发展、健全学生个性心理为目标的教育。个性化的心理健康教育不仅对学生个人的全面发展、身心健康、事业成功和人生幸福具有十分重要的意义,而且符合当代社会对新型人才的需要,对学生健康心理的发展和社会的进步也具有十分重要的意义。同时,在个性化的心理健康教育之中,还包含着更为广泛的社会意义,是一种超越学校教育、面向社会的教育。当代的大学教育,基于个性化教育的心理健康教育是必要的,也是可行的。

第五章 高校校园物质文化建设实践

校园文化中的物质文化建设，是校园文化建设的有形载体，是凝聚了人类文化的物质存在形式，是高等学校在发展过程中积累下来的物化形式存在的总和。在校园文化建设中，物质文化建设既是推进校园文化建设的必要前提和条件，又是校园文化建设的重要途径与载体，其建设状况在一定程度上直接影响着校园文化的质量和整体水平。

第一节 高校校园物质文化的概念与特征

校园物质文化是指学校物质环境总体构成的一种文化。它分为基础设施文化、自然人文环境文化等，它是学校文化的硬件，看得见，摸得着。物质文化建设内容具体包括学校建筑文化的建设，如学校建筑的布局，各种建筑物的命名，校门、大型壁画、校史馆的设计与修建；学校绿化与美化，如学校绿化景点、学校雕塑的创作设计与修建；学校内部的陈设与布置，如学校教学楼、实验楼、图书馆等厅堂的陈设布置，教室、走廊的布置；学校传播设施，如学校标志的设计与制作，校园网、黑板报、橱窗、阅报栏、标语牌、广播、现代信息技术方面的设备设置等。如果这些学校的硬件都具备独特的风格和文化内涵,就能潜移默化地影响到学校全体成员的观念与行为,对学生身心的健康发展,知识技能的掌握,世界观、人生观和价值观的培养,以及创造性、主体性的养成等,都会产生直接或间接的作用。

校园物质文化的每一个实体,以及各实体之间结构的关系,无不反映了学校的教育价值观。完善的设施、合理的布局、各具特色的建筑和场所,将使人心旷神怡、赏心悦目,将有助于陶冶校园人的情操,塑造校园人的美好心灵,激发校园人开拓进取的精神,约束校园人的不良风气和行为,促进校园人的身心健康发展。

校园物质文化是校园文化建设的一部分,是当代学校教育的必然产物,它在培养人才的过程中所呈现出的教育功能、示范功能、凝聚功能、创造功能、熏陶功能等,为当代学生形成良好的心理品格与正确的价值观念奠定了坚实的基础。

在校园文化建设中,精神文化是目的,物质文化是实现目的的途径和载体,是推进学校文化建设的必要前提;物质文化建设是校园文化建设的重要组成部分和重要的支撑。校园物质文化属于校园文化的硬件,是看得见、摸得着的东西。校园物质文化的每一个实体,以及各实体之间结构的关系,无不反映了某一种教育价值观。

一、高校校园物质文化的概念

高校校园物质文化是高校文化的空间物质形态，是高校精神文化的物质载体。学校物质文化有两种主要表现形式：一是学校环境文化，包括学校的总体结构和布局、校园绿化和美化、具有教育含义的教育和教学场所以及校园环境卫生等；二是设施文化，包括教学仪器、图书、实验设备、办公设备和后勤保障设施等。

高校校园物质文化是高校文化的有形部分。它是指高校内看得见、摸得着的物化文化形态，是学校文化的"外壳"，奠定学校文化存在和发展的物质基础；同时，它又是高校文化"内核"的载体，体现着一定的价值目标、审美意向等，是富有教育内涵的人文环境。学校物质文化是学校内人的对象化活动的结果，一方面，人是物质文化的创造者、改造者，使自己所处的物质环境打上种种思想观念的烙印；另一方面，人又是物质文化的受用者，让自己在特定的物质环境中得以陶冶和熏染。因此，从某种意义上来说，学校物质文化是学校成员智慧、力量、集体感的象征，可以使青少年学生在不知不觉中受到熏染、启发，从而实现学校文化的育人功能。

具体来讲，高校物质文化主要是通过校园环境的创设发挥它的育人效应的。校园环境是大学生成长、发展的微观环境，也是学校教育、教学活动能够顺利开展的重要条件。所谓校园环境，就是围绕在学校成员周围一切事物的总和，也可以说是学校所有外界力量对大学生作用的总和。高校环境由学校物质环境和心理环境两部分构成。前者指能够使学校教育、教学活动得以顺利进行，或者得以深化和发展教育影响的外部条件，如学校地理位置、学校建筑、学校布局、学校绿化等；后者指为实现教育目标，完成学校管理职能，提高学校教育、教学管理工作效率的内部条件，包括个人心理环境和社会心理环境等。物理环境是高校文化的载体，也是心理环境发挥作用的基础；心理环境是学校文化的核心内容，是学校师生积淀于内心的观念形态的环境，是大学生个性化和社会化的培养基地。这两种环境之间相互作用、相互影响，从而构成一个完整的学校环境。我们在此所论及的高校物质文化的学校环境，是指高校的物质环境文化。它主要包括以下内容。

（一）高校地理环境

学校地理环境的优与劣，是评价学校物质环境好坏的一个重要方面。因此，在学校物质环境的诸因素中，校址的选择是一个重要环节。古今中外的教育家都十分重视教育环境的选择。在我国，历代教育家都十分重视以自然山水陶冶弟子的情操，与此相应，形成了重视学校环境美的传统。在西方，欧洲古老的大学也十分重视学校地理环境的选择，这与中国大学建设是相通的。近年来，随着我国各大城市的急速发展扩大，以往大学的地理位置有很多都成为闹市区，也就不再适合大学生的成长。部分学校开始在城市周边建立大学城，这些大学城既可以让学生的生活远离城区的喧闹，又可以形成自己的发展空间，建造一个更适合大学生成长的物质文化空间。

在改革开放的现代社会，我们并不提倡营造一个封闭的、与世隔绝的"世外桃源"，但我们也不允许社会上的污泥浊水在校园中肆意泛滥，这就更需要我们积极创设一个良好的育人环境，加强学校文化的建设，以确保人才培养的有效性。因此，学校周边环境的优化与净化，就成为一个重要的内容。

（二）高校校园内建设的规划和布局

在学校物质环境文化的建设中，学校选址固然是很重要的一环，但学校内部的统一规划和布局更为重要，这是建设良好的物质环境的重要步骤和措施。学校内部规划、布局是一项系统工程，既要反映学校的整体风貌，又要考虑到教学生活的便利；既有利于学校的统一管理，又要使各个部分相互协调，发挥其最大效用……而这一切又都必须体现出环境育人的宗旨。因此，学校内部的规划与布局要遵循一定的规律，在总体设计上要符合"使用方便、流向合理、减少拥挤、避免干扰、节约时间、提高效率"的原则。具体来说，校园规划、布局要打造良好的校园环境，即治学严谨的学习环境、生动活泼的文化环境、清洁卫生的生活环境、幽静宜人的自然环境。

总之，在进行学校建筑的设计时应体现以下原则：（1）尊重历史，重视文脉；（2）注意校园建筑的整体和谐；（3）材料朴实，功能合理。

（三）高校校园的绿化和净化

优美的校园环境能给人以美的享受。校园树木葱茏、红花绿叶、草坪如茵、整洁卫生、空气清新、舒适优雅，对青少年学生来说，可以起到安定情绪、启迪思想、陶冶情操、净化心灵的作用。

校园绿化和园林景物布置是学校总体规划的重要组成部分，在设计总体规划布局时，就应该考虑到同时设计、同时施工。一座美丽的校园，不仅体现在建筑物上，同时也体现在景点、园林及绿化等方面。建筑物是否具有美感，与景点、园林、绿化的衬托密切相关，从而直接影响到整个校园的美感。每个学校都有自己的特点，绿化、景观等应结合当地实际，反映本地区的特点。但基本要求是讲究协调平衡与变化多样的统一，还要讲究点、线、面的结合，点要幽雅，线要整齐，面要宽敞开朗。

校园净化主要是指清除垃圾杂物，减轻噪声，做好环境卫生工作，使校园整齐、清洁、安静，使师生更好地学习和工作。

（四）高校校园中的人文景观

学校物质环境建设最根本的目的就是寓情于环境之中，寓教育于景物之中。在物质环境建设中固然要着眼于自然、物质，但在学校这一场地则要求必须赋予自然、物质以及人文因素，亦即教育的期望和意图。特别要注意利用和创设一些校园人文景观，以强化学校文化的教育作用。这方面的内容主要体现在以下方面：充分利用学校已有的人文景观挖掘其独特的教育作用；积极创设学校人文景观，赋予其深刻的教育意义；巧借自然之物，达成教育之目的。

（五）学校文化传播设施

学校物质文化建设，不仅要注重校园物质环境的改造和创新，还应重视各文化设施的建立与健全。文化设施是任何文化都不可缺少的组成部分，是文化传播的物质载体。它对学校师生员工思想观念、行为的形成同样起着不可估量的作用。尤其是在信息社会的今天，学生不仅在课堂上、从书本中接受着对他们产生影响的教育信息，而且还在课堂以外的其他多种活动中、从各种传播媒介中接受了许多对他们具有教育意义的信息。学校文化传播设施既包括电视、广播、报纸、杂志等传播工具，同时也包括图书馆、演讲厅、思想论坛、各种沙龙、外语世界等活动场所。

我们可以看出，学校物质文化的内容非常广泛，并且各自具有不同的作用。优良的学校物质文化氛围，既是情感的升华剂，又是无形的约束力，对身在其中的大学生身心健康发展产生着巨大的影响。

二、高校校园物质文化的特征

合理的高校基础设施建设处处流露着学校的办学理念和文化精神，是高校物质文化的主要内容。正因为如此，各高校在基础设施建设上极力加大投入力度，精心设计，详细规划好学校的各项基础设施的布局和建筑风格等，力争在实现校园基础设施建设和校园内师生精神互动的同时，给全体师生以潜移默化的文化熏陶。

（一）高校校园内建筑特征

学校建筑是进行教育活动的基本场所，也是学校基本的物质条件。根据承担的教学活动内容的不同，学校建筑分为三要件，即教学要件、生活要件、活动要件。

学校建筑中的教学要件一般有教学楼、办公楼、实验楼、图书室、微机室、语音室等。近年来，随着科技的发展、计算机功能的增多、旧专业的调整、新专业的开设以及素质教育的推进，教学场所有所增加，尤其是实验楼、微机室等的建设，可以说是很多高校建设的当务之急。

学校建筑中的生活要件一般有宿舍、食堂、洗衣房、医院、超市等。这些是学校教育活动重要的辅助和基础保障条件，其中学生公寓标准化建设体现了对学生生活的高度关注，营造温馨和谐的宿舍文化是校园文化建设十分重要的组成部分。让学生在"家"的环境里，学会协作、思考和创新，通过不同的侧面展现他们在日常生活、学习、卫生等方面的良好表现，倡导构建和谐进取的宿舍环境，提高整个公寓的文学水平。积极向上、文明和谐的宿舍文化正潜移默化地对高校学生的素质养成产生着重要影响。

学校建筑中的活动要件一般有体育场馆、报告厅、影剧院、歌舞厅、广播电视站、花草道路、亭榭园林、山水风景等。这是让师生心情愉悦、陶冶性灵、修养品格、提高教学效率的重要条件。活动要件的教育功效具有潜隐性，不像教学要件和生活要件那样立竿见影。

随着教育大众化时代的到来，教育规模急剧扩大，但办学经费紧张、土地资源有限制约了校区扩张，所以大部分校区学校建筑中的教学、生活、活动场所普遍紧张。但是对学校建筑来说，不仅需要足够的空间，而且建筑风格要有审美特性。如有些学校新建校区占地面积很大，但是疏于规划，建筑布局缺乏创意，缺乏审美意韵，毫无情趣可言，这样的学校建筑就不能很好地承担起校园文化建设的重任，对学生个性及综合素质的培养也就无从谈起了。

（二）高校校园教学设施特征

图书资料收藏是高校教育设备的首要条件。购藏图书资料，数量是要达到一定规模的，保证师生阅读和检索的需要，图书资料的质量和规模是一所学校文化底蕴的一种体现形式。这是高校校园文化建设过程中值得高度关注的问题之一。针对合理建构高校知识文化体系的教育职能和适应未来社会所需要人才的素质要求，图书资料建设一定要紧紧围绕优化高校生知识结构这一育人目标，要包括自然科学类、人文社科类、综合学科类图书等综合类型，在突出学术性的同时还要兼顾通俗性、应用性。置办图书资料，还要注意反映最新成果，保障教师的教学科研最接近理论前沿，让学生的学习和成长能够与时代同步。另外，通过中外文光盘检索系统和包括全文数据库在内的中外文检索系统的电子期刊数据库，宽带光缆接入大型数字图书馆，可大大增加检索图书资源量。

高校校园设施中的教学、实验仪器和办公设备也是不可缺少的一个重要方面。加强学生的动手能力，强化学生职业素质，培养素质型人才，必要的实验仪器尤显重要。如果学校实验仪器陈旧、落后，与加强素质教育的校园文化建设的要求是不相适应的。随着高科技和电子时代的到来，许多新的实验仪器变得更加精密准确，应该在教学中尽快推广使用，使学生跟上科技发展的步伐。在教学中已被广泛使用的多媒体教学设备，能够利用音像综合效果大大提高学生的学习兴趣，能够突出教学的重点，吸引学生的注意力，如多媒体教学代表着现代教育教学技术的发展方向，应继续加快普及。办公设备是指教师和管理者在进行教学、科研和管理活动中使用到的设备，如办公自动化设备传真机、打印机、复印机、扫描仪等，以及会议中使用的音响、桌椅、多媒体设备等，都充分体现着便捷高效的现代化管理特色。

体育设施建设在高校校园建设中的重要地位。学校体育是教育的重要组成部分，它与德育、智育、美育共同促进学生的全面发展和健康成长，对形成高校生健康体育、终身体育的观念具有重要意义。发展教育，振兴体育，充分发挥体育在学校体育中的作用以适应社会发展和素质教育需要，这也关系到国家的未来，关系到我国建成体育强国这一宏伟目标的实现。

学校体育也是构成全面性和终身性体育的重要环节，而校园广大师生也是校园体育文化的主体，体育设施建设是搞好体育教学、训练、竞赛，提高教学质量，丰富校园业余文化的前提，是搞好各项体育工作的保障条件。它是学校建设的有形部分，加强体育场馆、体育器材、设备建设势在必行。文体设备是校园为学生在校期间提供的休闲娱乐或者运动的各类文体设施，如文娱设施有学生广播站、电视台、宣传栏、校刊等，体育设施有田径场、球场、游泳池、体育器材等。这些设备涉及高校校园文化建设中的文艺、体育、精神等多个层面，是传播时代精神、宣传校园主流文化、宣扬学校管理理念的重要渠道。建立现代化的、完善的文体设备，对于建设积极向上、勇于拼搏、健康文明的校园文化，对于丰富全体师生的课余文化生活，有着重要意义。

（三）高校校园物质文化是校园文化的物质形态

高校物质文化是高校精神文化建设的成果和物质体现，也是高校精神文明的外在表现和物质基础。高校文化一方面体现在办学理念、办学方向、意识形态上，另一方面体现在学校的物质建设上。中国古代文化堪称世界一流，不仅包括儒家思想、道家思想、法家思想文化，以及文学、音乐、舞蹈等精神文化，而且包括"四大发明"、长城、故宫等物质文化。高校物质文化建设，应体现在校园建设、学科建设、教学科研设备建设、教师住房建设等方面。一个破旧脏乱的校园、陈旧落后的设备、拥挤不堪的住房，不可能会去发展精神文化、制度文化。学校领导在高校建设和发展中，应高度重视物质文化建设，这是稳定教师队伍、建立良好的办学条件、确保教育质量提高的必要措施。在精神文化指导下推动物质文化建设，而物质文化发展又反过来促进精神文化建设，二者是相辅相成、互为因果的。高校物质文化建设为教育发展、提高教学质量打下了坚实基础。

现代高校校园物质文化是校园文化的空间物质形态，是现代高校校园制度文化、行为文化、精神文化的物质基础，也是现代高校综合实力的一个重要标志。现代高校校园物质文化所包含的三个方面，即环境文化、设施文化、治学积淀及队伍文化，都有其独特的育人意蕴。因此，一所高校要持续提高办学水平，不断增强自身的竞争力，就必须加强校园物质文化建设，充分发挥其育人功能。现代科学证明，人的心理是受客观环境制约和影响的，高校校园物质文化所蕴含的价值取向总是以不同方式直接或间接地影响师生的心理倾向和心理状态。因此，我们绝不能简单地仅从有形实体的角度去理解校园物质文化，还应从育人理念的视角去发现校园物质文化的育人意蕴。

首先是高校校园环境文化的育人意蕴。高校校园环境文化作为校园物质文化的重要组成部分，它润物无声地影响着学校师生员工对生活的理念、对教育的希望和对自己存在的理解，具有潜在而深厚的育人意蕴。一是思想政治教育意蕴。高校校园内的每一处真正的物质文化均蕴含一定的道德追求、道德规范，能对师生产生巨大的道德潜化作用，提高他们的思想政治素质和艺术审美情趣。学生通过感性直觉把握校园物质文化的本质内涵，从而与校园物质文化建立一种非功利的精神呼应关系，从而得到一种精神满足和愉悦，使自身的道德素质得到提高。二是促进学生知识形成的意蕴。高校校园环境文化是一种特殊的物质文化，它积淀着一个学校乃至一个国家的历史传统、文化特点和社会流变的价值。它能够使学生通过对校园环境文化的解读，提高自己的社会智力，拓宽自己的知识面，增强适应飞速发展的社会的能力。三是审美教育意蕴。高校校园环境文化体现出一个高校的艺术创造力、不同时代的审美趣味和审美追求，给高校生以文明审美的熏陶。四是提高学生心理素质的意蕴。轻松、愉快、欢乐的高校校园环境文化，可以激发高校生的情感活动，产生愉悦的情感，有助于学生身心的成长，培养学生丰富而健康的情感。

其次是高校校园设施文化的育人意蕴。在现代高校校园里，教育媒介主要是指图书馆、实验室和校园网等设施，它不仅是当前高校校园里从事高深学问的教学活动基础，也是开展科学研究工作、发展科学事业的重要条件。现代化的图书馆、实验室和校园网等，是一所现代化高校的物质基础。现代高校校园图书馆的基本功能是收集、整理、利用和保存文化。实验室或实践基地既是高等学校培养适应社会所需求的高级专门人才的重要基地，也是高等学校开展科学研究活动的重要基地。现代化的校园网是现代高校校园物质文化设施中的重点和亮点，发挥着越来越重要的作用。它满足了教学科研和办公手段现代化的需要，更重要的是满足了师生汲取知识的需要。

最后是高校校园治学积淀及队伍文化的育人意蕴。治学严谨的育人传统、积淀深厚的高水平的课程和学科专业，是高校存在发展的组织基础，是一个学校要在激烈竞争中立于不败之地必须秉承而不可忽视的重要方面。治学严谨的育人传统，是一个校园影响最大的非实体物质文化，是高校之所以"大"的重要无形物质财富。一支具有人格魅力、学术造诣、善于育人的教师队伍是育人的关键因素。教师在教育教学过程中的主导作用，表现为在传授高深学问的同时，以其人格魅力和治学态度给学生以深刻的影响；表现为指导帮助学生把外在文化内化为自己的综合素质，使学生成为具有主体精神和创造力的人。梅贻琦先生说过："所谓大学者，非谓有大楼之谓也，有大师之谓也。"也就是说，一流高校必须有一流教师，其核心是具有人格魅力、学术造诣深和善于治学育人的知名学术权威。

因此，一所高校要持续提高办学水平，在激烈竞争中立于不败之地，必须在搞好校园精神文化建设的同时，还要加强现代意义上的校园物质文化建设，营造一种特殊的文化氛围，充分发挥其育人意蕴。高校校园物质文化的建设，应以高校文化内涵的内容为主体，以学校性质为依托，充分利用学校场地的特质，彰显学校历史发展过程中的文化积淀，并且对其进行归纳、提炼和升华，将其融合到物质文化的各个要素中，以达到发挥物质文化育人意蕴的目的。

三、高校校园物质文化建设的意义

（一）营造校园环境文化气息是学校思想教育的重要阵地

校园环境文化具有特殊而多样化的育人功能。如果说教师和学生是教育教学活动的主角，那么学校校园环境文化就好比他们活动的舞台，缺少这个舞台，师生的活动就失去了依托，并将直接影响教育教学活动的进程和效果。

一是凝聚功能。学校环境文化建设的核心是树立群体的共同价值观，通过它的影响力，在青年学生中形成一种无形的向心力和凝聚力，把青年学生行为系于一个共同的理想信念和价值追求之上，陶冶健康向上的审美情趣和文化品格。二是激励功能。不同的校园环境文化会将教育教学活动导向不同的境界和水平，产生不同的育人效果。良好的校园环境文化，必然会深刻地影响着师生的内心，激发师生的工作和学习热情，比起千遍万遍的说教方法，教育效果自然事半功倍。三是熏陶功能。学校按照审美的要求更加强调校园环境文化建设，这对学生的审美理想、审美趣味和审美观念的形成均具有无形的熏陶、感染和潜移默化的作用。四是益智功能。校园环境文化对学生的智能发展具有促进作用。一般来说，丰富良好的环境刺激，可以促进智力发展，还能感染学生积极的情感，并以此来促进智能的提高，特别是学习兴趣的提高。

以上功能的发挥表明，学校校园环境文化是学校积极开展思想教育的极好阵地，必须加强重视和强化建设。

（二）创设校园环境文化是实施素质教育的舞台

实施素质教育是一项复杂的社会系统工程，而学校是实施素质教育的主阵地。在这块主阵地中，创设校园环境文化是实施素质教育的极好舞台。学校要全面贯彻实施素质教育，除了各级各部门共同去创造一个良好的社会大环境之外，同时也需要营造学校这个小阵地环境。学校在实施素质教育时，校园环境文化是一个不可缺少的方面。因为，校园环境文化阵地可以培养学生的合作竞争能力，可以培养学生的创造性思维和创新精神，可以培养学生的艺术才华，可以增强学生的集体主义精神，可以增强学生的实践能力，可以使学生置身一种自我教育、自我提高的境地，可以使学生在一种愉快教育、情境教育、和谐教育中健康地成长。

总之，完善的校园设施将为师生员工开展丰富多彩的寓教于文、寓教于乐的教育活动提供重要的阵地，使师生员工教有其所、学有其所、乐有其所，在求知、求美、求乐中受到潜移默化的启迪和教育。完善的设施、合理的布局、各具特色的建筑和场所，将使校园人心旷神怡、赏心悦目，将有助于陶冶校园人的情操，将塑造校园人的美好心灵，将激发校园人的开拓进取精神，约束校园人的不良风气和行为，促进校园人的身心健康发展。这种能让大学生才华得到升华、能力得到培养、思维得到发展的校园环境文化创设实践活动，正是实施素质教育所需要的内容，高校必须重视对校园物质文化这块阵地的建设。

第二节 高校校园物质文化建设原则

一、高校校园外部物质文化建设原则

（一）前瞻性原则

高等教育事业是一项利在当代、功在千秋的事业。办好一所高等学校，需要经过几代人甚至几十代人的薪火相传，它是一个特色学科不断发展，优良传统不断光大、校园文化长期积淀、物质条件不断积累的过程。因此，高等教育事业是一项久远的事业，高校校园选址规划要有战略眼光，要着眼于五十年、上百年，甚至几百年，校园外部物质文化建设不仅要满足当代发展的需要，而且要为未来发展留有余地，为学校的可持续发展创造条件、奠定好基础。

（二）科学性原则

首先，校园外部物质文化的建设要求从科学的角度来进行。校园外部要有四通八达的交通网络，要有足够满足学生需求的活动场所，同时还要建设一些师生休闲的设施。其次，科学性还表现其经济性。高校外部物质文化建设，经济实力是基础之一，既要面向未来又要立足现实；既要着眼长远，规划建设一个科学、合理的具有生长性的校园，又要立足当前的经济承受能力。

（三）人文性原则

高校校园不是工厂和政府机关，高等学校是一个教育机构，教育是文化的社会遗传和再生机制，教育起源于文化，是一种文化现象。因此，从社会学的角度讲，高等教育应定位于文化领域，校园外部物质文化建设要追求人文氛围。从环境的角度来讲，校园选址要与环境相协调。周边的自然环境和人文环境同等重要，但要明白的是离开了好的周边环境，绝不会有一流的大学。例如，我国很多大学在建设初始期都将校址选在了有着深厚文化底蕴的城市。

（四）为教学和学习服务的原则

随着时代的发展，尽管高等教育从社会的边缘走向了社会的中心，但外部物质文化建设不应脱离和违背为大学师生服务这一原则。例如，作为一个高等教育机构，其办学地址虽然要保证交通方便，但又要与闹市区保持相应的距离。正如英国著名教育家阿什比所说，"大学既不能远离社会，也不能完全消融在社会之中，大学应当和外界社会保持适当的距离"。城区喧闹的噪声和浓郁的商业氛围，对师生治学会产生一些负面影响。在郊区办学，能创造一个安静的办学环境，使师生免受干扰，远离浮躁的社会，有利于师生深居简出，潜心钻研学问。

二、高校校园内部物质文化建设原则

随着经济和社会的发展，我国高等教育事业步入一个新阶段，大学校园建设也相应进入了一个加速发展的时期。新的设计和规划理念给校园带来了新的变化，对校园外部空间环境也产生了深刻影响。与此同时，对校园外部空间环境与使用者行为之间关系研究的不足，以及设计建设周期过短等因素对当代新建大学校园的外部空间环境品质提升产生了负面影响。大学校园外部空间环境不但承担着使用者的各类日常行为功能，而且也对学生的学习、成长有着非常重要的影响。

高校校园是师生工作、学习的场所，合理的校园内部环境建设可以创造舒适优雅、空气清新的校园，可以达到安定情绪、启迪思想、陶冶情操的目的。当都市高校开展"护绿"运动的时候，当学校将学生的雕塑作品在大庭广众之下陈列出来征求修改意见的时候，他们实际上也在向校外大众以及本校师生表明该校与附近学校的不同。该校鼓励人们要有独特的个性，这种信息的传递与学校的价值观、目标是一致的。

学校建筑负有教育的使命，它可以有多种艺术形式，象征某种精神和思想，在一定程度上可以陶冶身心、涵养性格。学校建筑的主要目的就是要使思想的交流成为可能，使人与人之间的交流以及建筑与人之间的交流成为可能。校园建筑可以依据人们存在的活动模式，将相关的人群安排在适当的地方，从而达成不同学科之间和人员之间的交流。同时，当人们在校园中行进时，校园建筑还可以促进人与人之间进行信息的交流，如河北师范高校的庭院所展现的那样：参差交错的林荫、纵横交错的小路，学生穿行，在享受乐趣的同时，也实现了信息的共享。

在加强高校校园内物质文化建设中，必须遵循如下原则：

科学合理原则。一所高校的建设和发展必须要有规划，高校校园的物质文化建设规划是高校建设发展总体规划的重要组成部分。高校校园物质文化建设必须根据高校的类别、环境、财力等不同情况，制定具有学校特色、专业个性而又切实可行的规划。这是校园物质文化建设取得成功的关键。高校校园物质文化建设应充分体现规划的先导性、延续性、合理性和科学性，通过规划设计使校园的功能分区、单体造型、群体组合和立体绿化实现专业化、现代化和配套化，使思想教育和文化教育寓于校园物质文化建设中，从而展现出校园特有的审美情趣及其深厚的文化育人底蕴。

人文关怀原则。高校校园是育人的场所，以人为本，加强人文关怀，不仅要体现在教育教学的各个环节中，也应该体现在环境设施上。高校校园不是一个纯粹的物质空间，更多的是高度人性化的环境空间，是高校中的人根据办学理念和价值追求，按照美的规律，创造出来的自然美与思想美和谐融合的"第二自然"，承载了丰富的人文因素、文化色彩和校园精神。高校校园建筑不是木材、钢铁和水泥的简单堆积，而是由新材料、新能源和信息技术支撑起来的"智能大厦"，体现着高校人继承传统文化、追求现代文化的内涵和特色。甚至高校校园里的每一根雕栏、画柱都可以作为文化符号，物化人的价值精神，体现出人性化特点和教化育人的功能。因此，在高校校园物质文化建设中，要力求做到人格化，使学校时空充满育人的文化底蕴。

实用有效原则。高校校园物质文化种类繁杂，不同类型的校园物质文化，具有不同的物质属性和用途——阅览室可用于读书，双杠可用于锻炼身体，等等。但高校校园物质文化建设必须从人本出发，考虑到育人的需要与功效。任何高校校园物质文化都是因育人需要而存在的。即使是壁画雕塑、建筑小品、音乐广场、小桥流水、绿树鲜花等校园物质文化，其作用也不仅仅是求得赏心悦目，而是要通过这些艺术与自然景观对校园建筑的点缀，营造出一个轻快活泼、优雅宁静的时空环境，从而为师生创造良好的教育条件，消除师生学习、工作的压力和身心的疲劳，使他们达到身心与学习、工作同步健康发展的和谐统一。

凸显特色原则。不同高校校园的物质文化虽有其共性，但更重要的是，高校校园物质文化必须凸显其个性特征，才能枝繁叶茂，更好地展现其育人意蕴。实际上，每个高校校园都存在已经形成或者已经被人接受的物质文化特色。一个高校教学科研的发展方向和水平,特别是根据自身特点确立的独特的精神追求,都会在校园物质层面的文化载体上留下浓重的痕迹,从而对学生起到警策、呼唤、激励等作用,并进一步促使学生焕发奋发进取的勃勃生机。这也是每所高校都力求通过校园物质文化塑造校规、形成自己校园风格的动力和目的之所在。

总之,高校校园物质文化具有深厚的育人意蕴,我们必须要加强高校校园物质文化建设。通过高校校园物质文化建设,达到培育既符合社会发展需要又有特色和良好个性的高层次人才的目的,达到高校校园物质文化建设与育人意蕴和谐统一的目的,使高校校园物质文化建设更好地为培养中国特色社会主义现代化建设者和接班人服务。

第三节 高校校园景观建设

校园是育人的环境场所,是培养学生具有健康的体魄、丰富个性的空间,它应使受教育者感受到一种个性成长的需要和心灵成长的力量。在校园中,大到一座纪念性建筑,小到一个标示牌,都应该能与周围的事物相匹配,共同营造出优美的校园景观,从而满足学生生理及心理上的要求,使学生能够心地平和、情感端正,使其个性得到全面和谐的发展。

一、高校校园景观文化的内涵

校园景观作为学校的一个重要组织部分，每一个景观元素，以及各景观元素之间的关系，都反映出高校的教育理念、办学宗旨、精神价值和审美意识等。校园景观是校园文化的物质载体，校园景观所提供的信息、理念和环境构架体现了多种文化知识的交织相融。

校园景观主要包括校园所处的自然环境、规划布局以及校园建筑、内外陈设、雕塑、绿化等。我们可以把校园景观分为校园自然景观和校园文化景观。校园自然景观是指校园内自然风光、地形地貌；校园文化景观是指为弘扬校园精神、校园文化、校园风气等在校园自然景观之上叠加人类活动而形成的景观。校园景观的独特之处就在于校园是专门的育人场所，育人的意向性要求景观本身包含丰富的教育意义与教育价值。

在不同的历史时期和社会阶段，高校景观文化建设都会受以下三方面影响。

（一）受自然环境因素影响

对校园环境而言，除了学术性是各个校园的共同点外，各大学都十分注重形成自己的校园特色。在制约校园景观特色的诸多因素中，最重要的就是如何充分利用当地独有的自然条件，创造适宜的校园环境。

自然界中包含的四种基本物质：木、水、岩石和土壤，它们在一起能够形成丰富多彩、变化万千的合成物。这些合成物的种类是如此之多，以至难以用言语来形容。对景观设计师来说，复杂的自然条件是设计根基，无论做何种设计都必须要考虑建筑及其与环境、地形、方位、道路和植物之间的关系；同时还必须注意气候强加给环境的诸多影响，以及土地、植被、水和建筑材料等彼此间的联系，只有这样才能创造一个自然与人相协调的校园环境景观。

（二）受人文因素影响

校园环境景观设计的根本目的是为人而用、为师生服务。这里的人文因素包括两个方面，一方面是校园环境景观的设计者，另一方面是校园环境景观的使用者。人文因素可以说是对校园空间环境的塑造影响最大的方面。

大学是知识与文化传播的殿堂，文化背景对校园环境景观的影响是深远而又含蓄的，不同的文化背景总会在世界各大学校园的环境景观形态上留有痕迹。在不同文化背景下，形成的种种观念成了定位校园环境景观形态的参照，也为大学校园的景观设计定下了基调。

二、高校校园景观文化的作用

良好的校园景观和校园文化共同发挥着导向、约束、凝聚、激励、辐射等方面的功能，促使未来的栋梁之材，启迪智慧、陶冶情操、娱乐精神、净化心灵，养成良好的行为习惯，形成正确的世界观、人生观、价值观。

（一）指导引领作用

校园景观潜移默化地影响学生的心理、道德情操、审美感受力、审美鉴赏力和精神创造力。校园建筑的布局、造型、风格，以及校园环境的美化、绿化在不忽视其实用功能的同时以可感的宜人形式给学生以直观的美感，发挥其愉悦身心、陶冶情操、净化心灵、激励向上的作用。而校园文化蕴含着教育目的，也对学生起着直接或潜移默化的教育导向作用，它深刻影响着每个学生的发展方向，特别是影响着学生的价值取向、思想品德、行为规范和生活方式的选择，具有滴水穿石的作用。

（二）熏陶塑造作用

校园景观作为师生员工长期生活于其中的、可知可感的、具体生动的一种微观社会环境，滋润其心田，浇铸其灵魂。同样的，大学生置身校园文化环境中，时时受到特殊情境的熏陶、受到直接的思想道德教育、受到文化艺术的熏陶和感染、受到风气风尚的感染、受到先进典范的鼓舞，从而使他们启迪智慧、陶冶情操、净化心灵。

（三）凝聚整合作用

校园精神是校园文化的灵魂和核心，是一种师生员工所认同的价值观念和强大的精神力量，具有一种无形的、不可低估的凝聚力和向心力。它主导着校园文化的发展方向，规定着校园文化的本质。校园精神一旦形成，就能强化师生员工的校园归属感、责任感和荣誉感，能够把师生员工紧密联结一起，凝成一股难以替代的巨大力量。校园景观使师生产生一种凝聚力及向心力，对学校产生归属感和认同感，以学校的生存和发展为己任，将自我的发展与学校的发展联系在一起，将学校视为自己的家园。优美的校园文化环境能使人身居校园必处处感到集体的温暖，同学之间团结友爱、互相鼓励、互相关心。师生之间，同学尊敬师长，老师热爱学生，这种氛围使人感到心情舒畅，产生一种令人振奋催人奋进的力量，从而增强人心之间的凝聚力。

（四）调适激励作用

造型优美的建筑物、协调的装饰，与绿树、鲜花、丛林共同营造出的校园景观，折射出学校的历史、传统和现代身姿，反映校园的独特风貌，不仅给师生员工带来了舒适愉悦的学习、工作和生活环境，而且使师生在紧张的工作、学习中调节情趣，消除了内心抑郁和身体疲劳，保持了高昂的情绪和奋进精神。富有知识性、趣味性的文化活动，有利于改变校园文化生活枯燥无味的状态，调节师生的紧张情绪，消除精神疲劳和陶冶心性，有利于他们的身心发展，有利于生理和心理的健康，从而进一步提高师生工作学习的主动性、积极性和创造性。

（五）传播辐射作用

校园景观塑造着学校的形象，它深刻反映出学校自身的特点及内涵。对社会公众、对本地区以及更大范围产生一定影响，在提高学校知名度的同时，构成社会文化的一部分。大学是学术思想的重要场所，也是社会良知与理性的凝聚场所。学校吸收整个社会的精华，同时提炼和凝结出新的精华，再去影响社会。大学校园文化中的思想观念和行为方式，终将为社会文化所吸收和融合，起到推动社会文化发展的巨大作用。因此，存在于高校的文化环境和精神氛围，不仅对内有强烈的感染力，而且对社会文化也会产生辐射作用。纵观历史，每一个历史时期，产于校园的文化都无一例外辐射到社会上去，影响人们的社会生活。

（六）继往开来作用

校园景观文化内涵丰富，记载着历史往昔，同时又反映着今天的现代风貌与创新成果，为创造更加辉煌的明天奠基。校园景观的设置与解读使广大师生在认识自己与环境的过程中改变着自己的世界观、人生观等观念。广大师生已经不仅仅限于感受身边的人文景观，而是开始从自己的角度审视身边的环境，在探寻其中故事和历史之后对它们又有了新的认识，并且更加热爱学校、热爱生活。

三、高校校园景观建设的原则

现代校园进行生态建设是尊重自然、追求和谐的观念在校园文化建设的重要体现，它要重视以人为本、人与自然和谐共存的高层次校园文化的建设方向，从而在构建充满生机的景观文化，充分发挥校园景观环境的育人功能等方面具有重要作用。具体在高校校园景观设计中，设计者们应遵循以下基本原则。

（一）以人为本的原则

校园是教师和学生活动的场所，他们需要学校有适宜的环境，校园景观设计应当以他们为中心，以满足师生必要的生活、运动、游憩等人本主义的基本需要。校园环境景观形态设计失败的案例，多半是设计脱离师生作为环境主人的行为感受与需求，设计者脱离实际，决策者标新立异而把师生的生活需求放在一边，走上了以我为本的歧途。如开阔雄伟的草坪广场，忽视了环境的生态规律和师生的共同需求；照搬照抄欧洲古典建筑形式，校园空无一树或绿化不佳等。如此这般，离开了以人为本的原则，也就丧失了校园环境景观形态多样化和系统化，使校园缺乏实用价值。现代景观规划理论强调规划的基点是以人为本，在更高层次上能主动地协调人与环境的关系和不同土地利用之间的关系。校园的景观设计是以人的需求为基础的，因此大学校园景观规划应本着以人为本，即在尊重自然的前提下，考虑人的尺度和心理要求，将人的活动性和舒适性作为景观规划的出发点，强调景观的宜人性，包含景观通达性、建筑与人的亲和性、生态系统稳定性、环境清洁度、空间舒适度、景色优美度等内容。

（二）可持续发展的原则

大学校园景观规划要体现可持续发展的原则，要从长远发展去考虑。景观设计要与学校自身的发展目标和定位相结合，必须要有符合自身风格特色的大学校园环境，规划和设计要能够经得起时间的考验。具体表现大致分为：（1）结构性协调：环境系统内各要素之间的内在联系应具有较严密的组织构成，合理的比例关系和较高的有序性。（2）功能协调：环境系统内各要素需相互配合与互动。（3）区域性协调：任何封闭环境不可能单独达到理想目标，必然与周边地区协同发展、互惠互利。（4）时段持续：环境发展具有阶段性，不同时期有着不同的目标形态，但需前后持续、着眼未来，构成良性递进。无论是校园整体景观还是局部景观，风格的选择都是设计的一个决定因素。校园整体形象一旦定位就不要轻易变动，其各个时期的建设应在创新的同时保持与其协调一致，延续其原有的文化氛围和文化脉络，使整个校园风格一致。教育是百年大计，纵观世界名校无不具有光荣的历史。因此，校园还要留有发展余地，规划出科学合理、扩展方便的弹性生长型校园结构。应解决好各区域环境中的建筑物、道路、公共空间、景观绿化等主要环境要素之间的有机联系、空间关系以及区域环境与校园整体环境之间的协调关系。有效避免因盲目改造、设计失误、工程质量低劣而造成的不良后果，使校园环境建设形成整治见效果、投入有回报的良性循环。

（三）生态性和因地制宜的原则

校园环境建设必然受到各种主客观因素的制约，因此要最大限度地利用有限的资金去改造环境，因地制宜地对校园环境进行合理的改造、调整和美化，在环境设计理念上摒弃粗放型的设计观念，遵循生态的原则，从保护原有生态环境做起,使人工生态系统与自然生态系统协调发展,在尽可能不干扰环境的情况下解决功能和美学问题,强调自然保护和生态平衡。对学校来说,必须从大环境着眼,从小环境入手,尽可能利用那些天然的地形和植被,为生态环境的合理化创造条件,应避免为追求气派而过分强调草坪的作用,却忽视乔、灌、草、地被植物群落式立体配置的重要性。也就是说校园环境景观形态设计既要达到生存目的,又要取得发展的成功,设计手段应是花最少的力气去适应生态环境。

综上所述,学校环境景观应该和学校的其他要素较好地配合连贯、一致协同。在进行校园规划、绿化、建筑设计以及人文景观的建设时,要体现人才培养的目标,并把这种人文主义目标变成校园教育环境的规划图,把人的发展目标隐含在设计之中。要赋予物质设施以文化内涵,使之具有深厚的文化底蕴,成为校园文化的有机组成部分和师生员工爱校情结的载体。

四、高校校园植物景观建设的原则和方法

(一)可利用植物的不同色彩分层效果

分层配置、色彩搭配是拼花艺术的主要方式。不同的叶色、花色,不同高度的植物搭配,使色彩和层次变得更加丰富。如1米高的黄杨球、3米高的红叶李、5米高的桧柏和10米高的枫树进行配置,由低到高,四

层排列，构成绿、红、黄等多层树丛。不同花期的种类分层配置，可使观赏期延长。创造绿化层次则包括纵、横两种情况：纵向绿化层次建设可以充分利用乔木、灌木，校园中亭台楼阁的错落与间隔，会造成绿化视觉的高低错落、疏密相间的审美效果。

避免单调、造作和雷同，春季繁花似锦，夏季绿树成荫，秋季叶色多变，冬季银装素裹，景观各异，近似自然风光，使学生感到大自然的生机勃勃。

（二）注意植物本身造价问题

应注意节约并合理使用名贵树种。有的园林滥用名贵树种，这样做不仅增加了造价，造成浪费，而且珍贵树种随处皆是，也就显得平淡无奇了。其实很多常见的树种如桑、槐等，只要安排、管理得好，就可以构成很美的景色。当然，在重要风景点或建筑物迎面处，仍需将名贵树种酌量搭配，重点使用，多用乡土树种。各地乡土树种适应本地环境的能力最强，而且种苗易得，又可突出本地园林的地方色彩，因此，需多加应用。当然，外地的优良树种在经过引种驯化成功后，也可与乡土树种配合应用。

注意植物与校园其他建筑的搭配效果。园林建筑的颜色、形体都是固定的，如果没有植物的配植，也会显得枯燥乏味，没有季节、气候变化的艺术感染力。树木与建筑配置时，要根据建筑的结构、形式、体量、性质来选择树种。大型建筑因其庄严、视野宽阔，故应选择枝干高、树冠大的树木；小型建筑因其精美、小巧玲珑，故应选用一些多姿、芳香、颜色艳丽的树木来配置。植物装饰建筑墙面多数是西边。用爬山虎进行绿化，一是美观；二是降温效果明显，夏季凉爽。

（三）利用多种植物本身构成独立空间效果

从构成的角度而言，植物是一种设计因素或一种室外环境的空间围合物。在地平面上，以不同高度和不同种类的地被植物或矮灌木来暗示空间的边界。在垂直面上，植物能通过树干和叶丛两种方式，通过暗示的方式，而不是以实体去限制空间。其空间的封闭程度随树干的大小、疏密以及种植形式而不同。叶丛的疏密度和分枝的高度影响着空间的闭合感，阔叶或针叶越浓密、体积越大，其围合感越强烈。植物同样能限制、改变一个空间的顶平面。植物的枝叶犹如室外空间的顶棚，限制了伸向天空的视线，并影响垂直面上的尺度。当树木的树冠相互交冠、遮蔽了阳光时，其顶平面的封闭感最强烈。空间的三个构成面（地平面、垂直面、顶平面）在室外环境中以各种变化方式互相组合，形成各种不同的空间形式。但不论在何种情况下，空间的封闭度随着植物的高矮大小、株距、密度以及观赏者与周围植物的相互位置而变化。利用植物构成的一些基本空间类型有开敞空间、半开敞空间、顶平面空间、完全封闭空间和垂直空间。开敞空间：仅用低矮灌木及地被植物作为空间的限制因素。这种空间四周开敞、外向、无隐蔽性，并完全暴露在天空和阳光之下。半开敞空间：这种空间的一面或多面部分受到较高植物的封闭，限制了视线的穿透，开敞度相对较小。这种空间通常适于用在一侧需要隐秘性，而另一侧需要有景观的居民住宅环境中。顶平面空间：利用具有浓密树冠的遮阴树，构成一个顶部覆盖而四周开敞的空间。一般来说，该空间为夹在树冠和地面之间的宽阔空间，人们能穿行或站立于树干之中。完全封闭空间：这种空间的四周均被中小型植物所封闭，相当黑暗，无方向性，具有极强的隐秘性和隔离感。垂直空间：运用高而细的植物能构成一个方向直立、朝天开敞的室外空间。这种空间尽可能用圆锥形或纺锤形植物，越高则空间感越大，而树冠则越来越小。

第四节 高校的图书馆建设

大学图书馆建设是高校校园物质文化建设的重要方面。

一、高校图书馆文化建设的内涵

作为置身社会文化大背景中的一种具有自身特色的亚文化形态，图书馆文化是指图书馆在其存在和发展过程中，由广大馆员和读者共同创造、认同，并自觉效仿和奉行的各种文化形态的总和。

从大学图书馆的宗旨出发，高校图书馆文化应包括以下四个层面：精神文化：图书馆精神文化是指图书馆员在长期的工作实践中所形成的一种相对稳定的思想行为风尚，其中包括馆员的政治态度、精神面貌、思想情操和职业道德等各种群体意识和群体精神。具体体现为勇于牺牲自我的红烛精神；读者至上、真诚服务的奉献精神；高尚职业情操的敬业精神；以馆为家的集体主义精神；言传身教、为人师表的自我塑造精神；刻苦钻研、顽强工作的积极进取精神。环境文化：图书馆环境文化是指通过图书馆建设、设施、布局、美化、厅堂装饰等各种物化形态所体现的环境氛围。活动文化：图书馆活动文化是指图书馆通过有目的、有规律、有特色的组织开展宣传、教育、学术研究和娱乐等活动所体现的文化风韵。制度文化：图书馆的制度文化是指图书馆的馆纪、馆规、日常行为规范、部门岗位职责、业务工作细则、奖惩制度等各项管理制度。科学合理的图书馆制度文化为鉴定馆员和读者的品质、人格和行为等提供了内在尺度，它能使馆员与读者在制度的约束下养成良好的行为习惯。

上述四方面，精神文化是灵魂与核心，环境文化是载体与基础，制度文化是条件与保障，活动文化是过程与推动，四者在交融互动中共同促使高校图书馆文化形成丰富的内涵和特有的风采。

二、高校图书馆在高校校园文化建设中的作用

高校图书馆由于其性质、特点和功能，决定了它在高校校园文化建设中充当着特殊的角色，占有独特地位，具有重要作用。馆藏资源在高校校园文化建设中的支撑作用：图书馆文献资源是图书馆的基本构成要素，能

全面支持和服务于高校校园文化。因此,文献资源直接影响着高校校园文化的有效展开,影响着高校校园文化的整体发展态势和水平。图书馆要以自身的任务和读者需求为依据,有层次、有重点地组织文献资源。与此同时,利用现代化设备开发外部资源,为学生提供一个信息量大、开放式的学习环境,在更有效地利用已有文献信息资源的同时,让新开发的信息资源能够尽快上网,尽力创造条件提供高质量的信息资源服务,更好地满足读者需求。

(一)图书馆自然环境在高校校园文化建设中的熏陶作用

图书馆一直被认为是大学水平的重要象征,代表大学的形象,很多大学图书馆都建在校园的中心,建筑典雅,宏伟壮观,作为校园的重要地标,成为校园里一道亮丽的风景。图书馆正是通过优雅的自然环境、富有艺术感染力的现代化馆舍建筑、先进的设备、丰富的馆藏文献、科学的管理、完善的规章制度和优良的服务等来营造和谐的文化氛围,吸引更多的师生走进图书馆。在知识的海洋中遨游,汲取知识,净化心灵,在感受美、欣赏美的同时创造美。

(二)图书馆制度建设、管理方式在高校校园文化建设中的规范与影响作用

完善、合理、规范的图书馆制度是学校办学理念的体现。图书馆要根据各个岗位的服务性质、目标,根据图书馆馆藏文献、馆藏规模、设施设备等技术条件和服务环境的不同特点,制定相应的规章制度和管理方法,

并使其符合图书馆开放性、时效性、共享性信息服务的要求。图书馆制度文化在充分展示一所大学办学理念要求，紧密为学校服务的同时，还应该展示尊重知识、尊重科学的精神，表现思想学术开放的态度等图书馆的价值观念。

高校图书馆要尽可能改进服务，提供更好的物质条件，创造浓郁的文化氛围，最大限度地去满足学生的需要。其安静的环境、良好的秩序，对于培养大学生良好的公共道德，建立人与人之间互相尊重、互相理解的良好关系都将起到很好的作用。图书馆可通过张贴提示性的标志，建立文明高雅的学习环境，使学生养成良好的行为习惯，从而对培养大学生良好的公共道德起到积极的作用。同时，图书馆员应以丰富的知识、高雅的气质、良好的职业道德赢得学生的理解和尊重，形成良好的育人环境，从而对大学生树立积极的人生观、奉献社会的人生理想，养成良好的公共道德起到积极的影响。

（三）巩固主阵地，以高品位的文化陶冶人

图书馆优雅的建筑、丰富的影音资料、现代化的服务设施及教学科研需要的系统化的学科文献，既为校园物质文化建设提供基本的物质条件，又使图书馆成为与教学实验设施并列的校园物质文化建设主体，成为育人的主要场所。图书馆自身拥有的资源、设备，使图书馆不仅成为知识营养的提供者，而且要担当起大学生提高艺术修养、审美情操的文化中心的角色。图书馆以其高品位的文化氛围陶冶人。比如，举办适当的学术讲座，组织对优秀影视作品的欣赏，进行有艺术品位的图书馆环境布置，这些都可以对学生起到艺术教育、美的熏陶的作用。

高校图书馆员不仅是文化知识的传递者，也是大学生思想道德的培育者。目前各高校图书馆注重引进人才，加强在职人员的学习和培训，使图书馆员的专业水平得到不断提高。图书馆员可以通过学术研究、文化交流等方式去积极参与校园文化建设。图书馆员在为读者服务的过程中，有很多专业上的问题需要进行有益的探讨和研究，同时，图书馆员在文献资源的了解和掌握、文献检索方式的熟练等方面具有优势，他们在为读者服务的同时，也可以进行一些深入的研究，产生一些副产品。图书馆员学术研究不仅可以获取校园学术，而且可以提高图书馆的学术水平和学术地位，增强图书馆员在校园文化建设中的自尊和自信，成为校园文化中的一个亮点。

大学是各种不同学术观点交汇、融合、撞击的地带，处于各种文化思潮交汇的前沿阵地。因此，图书馆要加强学术动态研究，时刻关注社会政治动态，把握师生思想波动的轨迹，坚持社会主义意识形态的主导地位，对事关政治方向、重大原则的问题，要向广大师生提供保持学术研究正确方向的服务信息，帮助青年大学生提高辨别是非的能力，以防止和避免学术研究偏离正确的轨道，努力在大学校园内形成既有学术自由又能健康发展的良好局面，保证学生的健康成长和校园文化的健康培育。

图书馆应经常举办文化展示活动，加强爱国主义教育，比如，以重大历史事件或重要纪念日为契机，以党史、革命史等藏书为主体，配合图片等有关资料，举办专题展览；经常将政治性、艺术性很强的新华社出版的新闻图片展示在馆内厅堂走廊等处，让学生可以及时了解国内外大事，开阔视野，激发民族自豪感。图书馆还可以利用音像资料进行审美教育，图书馆可利用多媒体设备和音像资料，组织学生欣赏古今中外艺术经典作品，开设音乐、美术影视等艺术讲座，让学生在图文并茂、声情并举的视听欣赏中接受艺术美的熏陶。图书馆还应利用丰富的馆藏资源，开展多种形式的导读服务，可利用校报、宣传栏等园地将教育意义深远、内容健康的社科读物推荐给读者。比如，引导学生去阅读革命领袖的著作、名人传记和中外名著，引导学生阅读我国优秀的传统文化典籍。

三、数字图书馆建设

数字图书馆是用数字技术处理和存储各种图文并茂文献的图书馆，实质上是一种多媒体制作的分布式信息系统。它把各种不同载体、不同地理位置的信息资源用数字技术存贮，以便跨越区域、面向对象的网络查询和传播，涉及信息资源加工、存储、检索、传输和利用的全过程。通俗地说，数字图书馆就是虚拟的、没有围墙的图书馆，是基于网络环境下共建共享的可扩展的知识网络系统，是超大规模的、分布式的、便于使用的、没有时空限制的、可以实现跨库无缝链接与智能检索的知识中心。

数字图书馆通过计算机网络，把分布在一个地域或一个国家的众多图书馆或信息资源单位组成联合体，把不同地理位置上及不同类型的信息按统一标准加以有效存储、管理并通过易于使用的方式提供给读者，超越空间和时间的约束，使读者在任何时候、任何地方都可以在网上远程跨库获取任何所需的信息资源，达到高度的资源共享。

数字图书馆是面向对象的数字化多媒体信息库。数字图书馆的存储介质已不限于印刷体，它具有文本、声、光、图像、影视等多种媒体，其存储的载体也相应的有光盘、录音带以及各种类型的数字化、电子化装置，它通过多媒体、超文本、超媒体等技术，提供智能化的信息检索手段，向读者展示各种生动、具体、形象、逼真的信息。数字图书馆是与平台无关的数字化资源集合。数字图书馆可实现异种数据库之间、服务之间、工作站之间的可互操作性，并正在探索深层语义上的可互操作性。它采用一种联合式或协调性软件，从类型相似的数据对象和服务中，取得一致性和连贯性检索内容。目前在网上查资料，需逐个站点地进行查询，实现数字图书馆以后，读者只要提供某个检索点，计算机就会按统一的用户界面提供所需的全部资料。数字图书馆具有强大的信息传播与发布功能。数字图书馆的服务方式与传统图书馆有着重大的差别，它变传统图书馆的被动式服务为主动服务。它可以通过网络随时发布和传播各种文献资源的信息，对读者进行"引导"或"导航"，向读者提供多种语言兼容的多媒体远程数字信息服务。

（一）数字图书馆的特征

数字图书馆与传统图书馆在基本的文献存储和信息传递上所起的作用是相同的。从本质上讲，都是信息的有序化与增值传递，但在处理对象、工作程序、表现形态等方面却有着极大的差异。数字图书馆建设使传统图书馆迈入了一个崭新的天地，数字图书馆及其组成部分虽然仍称为图书馆，但其与传统图书馆相比，有其独有的特征，即物理空间实体不再是特定标志。

数字图书馆是在科技知识呈几何级数增长的学习化社会背景下发展起来的。数字图书馆的服务内容和结构多元化形成的"即时生产"型的服务体系，使人们可以根据工作、生活、休闲等需要，在可能的场合随时随地自主进行学习，随时获取知识、提高能力；读者成了图书馆服务过程中的认知主体，图书馆员与读者在时空上处于准分离状态，读者的学习可以是灵活、多样、开放的。

从不同角度来看，数字图书馆具有不同特点：第一，从对象来看，数字图书馆面向的对象可以是社会全体成员。数字图书馆对读者没有限制条件，为人们提供了多种可供选择的学习方式和内容，特别是给那些没有机会到图书馆读书的人们提供了良好的学习条件。第二，从图书馆公共与否来看，数字图书馆可以是公共图书馆，也可以是非公共图书馆。为了满足社会和个人发展需求，数字图书馆的体制、办馆形式、服务设置必然朝着多层次、多形式、多规格方向发展。第三，从图书馆的场地来看，只要具备上网的地方，就可以通过网络进行自主学习，突破了传统的图书馆和阅览室的限制。人们可以是在图书馆内学习，可以在图书馆外学习；可以在工作场所学习，也可以在家中学习。网络技术的广泛应用，为进一步拓宽图书馆服务范围提供了条件。第四，从接受图书馆服务的目的来看，可以是教学和科研的需要、学历教育的需要，也可以是非学历教育的需要，比如，符合个人兴趣爱好的各种报告会、讲演、讲习班、研讨班、培训班等。

　　从图书馆功能来看，数字图书馆具有以下特点：第一，虚拟性。各种载体的数字化转换与藏取，虚拟性成为数字图书馆的最大特点。各种文献载体将被数字化，包括各种印刷型文本（古籍、善本）、地图、缩微资料、视听资料和动画片、电影片等。在数字图书馆中，将以多媒体数据为主。第二，重复性。数字图书馆的储存功能使图书馆资源重复使用而不会被消耗、磨损，使数字图书馆资源成为一种取之不尽的资源，能够保存和积累。同时数字图书馆资源使用者又成为数字图书馆资源提供者。数字图书馆储存着丰富优质的资源，为人们长时间反复使用信息资源提供了可能性。分布式管理是数字图书馆发展的高级阶段，它意味着全球数字图书馆遵循统一的访问协议之后,数字图书馆可以实现"联机检索"。全球数字图书馆将像现在的 internet 连接网站一样,把全球的数字化资源联为一体,成为一个巨大的图书馆。通过有效的文本数据库查询技术和多媒体资料的查询技术,直接对图像、声音建立起索引,可以按照颜色、形状、纹理在图像中的位置对图像进行查找。第三,替代性。数字图书馆可以代替人进行图书馆服务,即人—机图书馆服务;可以代替或演示事物的反应与发展过程,使服务内容更生动、直观、形象、具体。数字化图书馆大多采用客户机/服务器的模式,客户、图书馆服务器和对象服务器构成信息传递的核心结构。图书馆服务器主要管理数据的目录、索引和查询,而对象服务器用于管理数字化的对象(各种类型载体的原文献)。海量数据的存储和管理显示了数字图书馆的规模与能力。第四,隐蔽性。多媒体网络为数字化图书馆提供了一个资料的传输环境。可以说,宽带综合业务数字网将成为多媒体通信的基本传输网络。数字图书馆通过现代网络信息技术提供给读者的是虚拟和虚拟化的空间。网络的隐蔽性使人们处于时空的隔离。只要有网络设施,人们就可以在任何地点、任何时间通过网络浏览数字图书馆看自己想看的东西,且很难被人察觉,这有利于保护个人隐私,也有利于个体的发展。第五,开放性。开放性是指数字图书馆向任何人在任何地点、任何时候,以任何内容、任何方式提供学习机会。数字图书馆具有一般计算机网络系统的管理功能,要重视各种类型用户的权限管理,更重要的是用适当的技术确保版权人的资源不被滥用。开放性带来读者使用数字图书馆的自由性、灵活性、针对性和适应性；开放性也带来了人们思想价值观念的开放，使人们的视野更为开阔，思维方式更具全局性和整体性。第六，平等性。数字图书馆的隐蔽性使人的身份隐蔽，人面对数字图书馆都是平等的。不论读者是教授还是中小学生，使用权都是一样的。数字图书馆使以往的图书馆服务模式发生了深刻的、根本的变化，世界性的图书馆服务已成为一种现实，图书馆服务也由单向性向交互式进行转变。

数字图书馆海量存储和媒体多样化。图书馆的基础是书刊文献信息资源，而数字图书馆的基础是数字信息资源。社会的进步促使信息产量飞速增长，网络的普及和电子出版物及科技新型手段的出现使得信息的发布和使用更加便利。这使图书馆信息的收集量、处理量和储存量也相应地不断增大。数字图书馆的存储介质由传统的纸质转变为多种媒体、数字信号，可以处理多种媒体的信息，如文字、声音、图像、动画、三维体、虚拟空间等。对于这些不同的媒体可以采用不同的文件存储格式和压缩方式，目前，常见的在电子图书中采用的文件格式有TXT、PDF、HTML、GIF、JPEG、MPEG等。仅仅对这些媒体信息进行数字化是远远不够的，还需要图书馆的专业人员对信息内容进行再加工，根据各种媒体的特性进行标引、数据加工、限制、缩放等。

（二）数字图书馆的模式发展趋向

一个良好的、高速的网络运行环境是运行数字化图书馆的基础。在这样的网络环境中，人们对数字信息的存取已经突破了数字信息存放的地点的限制，然而在网络空间中，还是需要人为地加上一些限制，必须重视网络空间的安全。在数字图书馆中也应根据各种应用本身的需要来划分不同的层次，网上用户的使用层次也根据各馆的政策和规定检索不同层次的信息。读者在对传统的图书馆的使用中，往往会被图书馆的地理位置所束缚，图书馆和图书馆之间的相互使用性，无法更好地发挥。而数字图书馆已远远解除了地理位置的限制，通过网络和计算机，将全国甚至全世界的数字图书馆有组织地连接起来，同时它还解除了时间和空间的约束，读者可以在任何时候、任何地方去获得任何自己所需要的信息资源。

数字图书馆所收藏的资源信息不限于印刷体，而是具有声音、图像、影视等多种媒体，它的存储载体也相应的有光盘、录音、录像带及各种类型的数字化、电子化装置。因此，数字图书馆应提供生动、具体、逼真的形象资源。此外，由于读者提供信息资源一致性的服务，要求数字图书馆具有兼容多种语言的能力。不同文化背景、使用不同语言的读者，都可以在数字图书馆中访问到多种数据库和知识库，获取自己的目标文献资源。

数字图书馆是一个将收藏、服务和人集成在一起的环境，它支持数字化数据、信息和知识的整个生命周期的活动，其中包括生成、发布、传播、利用和保存。它所提供的服务是主动型的，随时发布和广播各种信息资源的消息，它不断、主动地为读者提供所需的信息资源，提供导航式和个性化服务。这样图书馆服务模式就由被动式转变为主动式服务。从根本上改变未来教育的模式和方法。数字图书馆应该不断地综合最新的科技动态、新科技和新学科的发展趋势，对读者进行信息资源的引导和导航。数字图书馆拥有现实的馆藏和虚拟的馆藏、多种类型信息的处理、免费服务、服务模式的广泛性、服务内容的多样化，以及具有部分电子商务的服务模式，使其具有与传统图书馆不同的组织结构。这种结构的特点是立足于本体。作为一个信息站点，按功能或任务来划分组织机构，包括信息采集整理、信息资源的加工转换、信息发布和服务、数据信息维护等，作为全球数字图书馆的组成部分，应展开形式多样的资源共享，包括联合购买数据库，共同揭示报道馆藏资源，提供统一标准的服务等，但是在提供的资源或服务上必须强调特色，突击分工、相互协作，互尽义务、互惠互利；不同层次的读者可以享受不同的使用权限；在不违反版权和其他法律规定的前提下传递信息资源；对某些服务或某些读者的使用率进行正确的使用统计并合理收费，这可以结合电子货币结算功能进行。

搜索引擎和全文检索的应用：搜索引擎是数字图书馆收集信息资源和读者查找数字图书馆的信息资源的重要工具，特别是近年来出现的动态建立索引的搜索引擎，能自动帮助数字图书馆收集和查找信息资源，它也是为读者提供定选服务工具。目前经常使用的搜索引擎的种类大致可以分为下列四种：（1）浏览式查询；（2）按主题指南分类目录查询；（3）利用检索软件进行关键词查询；（4）用自然语言查询；（5）集成式、多线索的检询。全文检索系统已越来越被大家重视，现代全文检索已引入超文本和超媒体的概念。它不但对本地数字图书馆的信息资源进行全文检索，还能提供超文本联想检索和网络检索，按读者的要求连接到另一个网上图书馆获取所需的资料。全文检索系统有自然语言接口等功能。具有智能的数字信息资源的检索软件简单地将传统的图书馆中惯用的检索手段（如关键词、提名、布尔逻辑等查询方式）应用于数字图书馆，但依然远远无法解决数字图书馆中浩瀚的信息资源的查准和查全的问题，而数字图书馆中存储的海量和多媒体信息需要有智能化的搜索引擎、交互式智能化而又简单易用的多媒体检索工具，让读者在数字化图书馆系统的各种数据库和知识库中获取有组织的、连续性的、真正所需的信息资源，让使用者不必预先了解或学习去检索各种类数据库的技术和方法，这就意味着数字图书馆必须有异物平台的统一检索界面的功能，并可根据读者的需求提供个性化的主动服务。数字图书馆在检索方法上的要求是以人工智能为基础，读者可以通过自己熟悉的自然语言，不断与系统进行交互，逐步缩小搜索目标，并将检索结果予以知识化，最终获得确切的信息资源，检索的结果可以有多种形式的显示、表达或演示，甚至构造虚拟现实。

在数字图书馆建设发展的形势下，从图书馆事业发展的角度，及时了解、学习图书馆界的最新发展动向和最先进的信息技术，采用和发展先进技术，成为科技创新服务的信息平台，把信息转变为生产力，更好地为社会经济的发展服务。

（三）高校数字图书馆信息数字化建设中的问题及对策

数字图书馆是一个将信息资源以数字化方式存贮并通过网络提供即时服务的信息系统，因而信息资源数字化是实现数字图书馆的根本条件。本节从数字图书馆中信息资源数字化的角度，探讨了信息数字化的关键技术，并从内容建设、知识产权、技术应用和标准与规范四个方面分析了我国数字图书馆信息数字化中存在的主要问题，同时提出了相应的对策和建议。

信息数字化作为数字图书馆的内容建设，是数字图书馆正常运转的关键步骤。但目前我国信息数字化中由于种种原因还存在许多问题，如重复建设、知识产权、技术应用和标准与规范等问题，这些都严重阻碍了我国数字图书馆的健康发展。因此，我国在实施信息数字化建设过程中，不仅需要更新观念、统筹建设，还要规范标准、加强立法、提高馆员素质，更要加强适合我国国情的技术创新。为此，我们需要不断地去总结经验，探索新的开发技术和工作方式，逐步将我国宝贵的传统文化遗产加以数字化，进而开发出具有中国特色的数字化产品。

从社会信息化环境来说，数字图书馆是运用计算机技术、网络技术、通信技术等多种信息技术，对不同载体和类型的信息资源进行搜集、选择和规范化处理，使之以数字化的方式存储，建立分布式的馆藏信息资源库和虚拟信息资源库，并通过网络向世界各地用户提供无时空限制服务的信息系统。数字图书馆的主要职能是搜集、保存和传递数字化信息，可以称为数字化信息的存储和传递中心，因而信息数字化建设无论从质量还是从数量上都是数字图书馆发展的关键环节。信息数字化技术包括数字化信息的生成技术、存储技术和压缩技术等，其关键技术是数字化信息的生成技术和存储技术。

数字化信息的生成技术包括有键盘录入和非键盘录入两种方式，目前使用较多的数字化信息的生成技术主要是第二种方式。键盘录入是一种手工转换的文本模式；非键盘录入包括手写识别技术、印刷文稿扫描识别技术、语音识别技术。在信息数字化实际工作中，我国许多数字图书馆都采用两者相结合的方式来规避键盘录入的较高错误率和扫描方式对硬件的较高要求，也就是采用超星公司开发的数字化技术加上便携式文件格式（PDF）和超文本标记语言（HTML）格式。数字化信息的存储技术包括直接存储技术和网络存储技术。直接存储技术是目前大多数数字图书馆的数据存贮技术，其中主要包括光盘塔技术、磁盘阵列技术和磁带库技术；网络存储技术是海量数据信息存储的实现方式。

虽然我国数字图书馆建设中的信息数字化工作取得了一定进步，但信息数字化建设整体上呈现出数字信息资源重复建设严重、版权保护立法不健全、缺乏有力的技术支撑、标准和规范化建设滞后等问题。

重复建设问题。由于国内各地区、各系统以及各馆之间无一个权威的协调机构，也无规划布局和分工实施计划，数字图书馆建设缺乏全局性的统一规划和政府权威部门的协调，相当多的所谓数字图书馆建设仍处于各自为政、贪大求全和相对分散的无序状态，信息资源重复的问题十分严重。近年来，我国各级政府投入数字化建设的资金总额已达36亿元，在政府资金大力支持下，各级各类数字图书馆都在进行数字信息资源建设，甚至引进 NIK 等数据库，这种现象在各大高校数字图书馆的信息数字化中也非常普遍，在相当广的范围内存在潜在的数字信息资源重复建设问题。

知识产权问题。数字图书馆中信息数字化所涉及的知识产权问题包括信息来源的著作权尊重和数字化信息建成后自身著作权的保护。随着数字图书馆的开通，数据库的利用将越来越广泛，由此产生的知识产权问题就不可避免，其中争论的焦点是关于网络作品的制作、传播和使用的版权保护问题，让一些数字图书馆在实践中遭遇法律尴尬。著作权人公开指责图书馆界滥用权力，严重损害了著作权人的利益；出版界也有人认为文献信息的数字化是复制出版界的出版物，在网上出现了成千上万的复制本，使出版界的经济利益受到一定的损害；而图书馆界则认为信息获取的主动权完全掌握在版权人手里，这样会严重影响知识的创造和传播，因而制定网上数字化文献的著作权法律法规成为当务之急。

技术应用问题。随着电子出版物的收藏和网络数字化资源的采集,图书馆越来越多的信息一入馆就是数字化的,而对于未数字化的传统馆藏,进行数字化转化所使用的技术主要是光学字符识别扫描录入方式。一般的OCR录入系统能够实现对各种现代书籍、简繁体书籍、报纸杂志、公文档案的录入识别,且识别率高,还能实现各种校对,然而,对馆藏文献的数字化而言,由于汉字的复杂性,OCR对各类中文文献的识别远难于对英文和数字的识别,特别对含有繁体手写汉字的古籍文献、简繁混排的中文文献、专业性强的中文文献以及难以机检的汉字文献。OCR技术目前还存在着很高的误识率和拒识率,为此,需要对OCR系统进行深入的研究和改进,提高其应用的全面性,并要引入中文校对、录入质量控制等技术,从而加强其管理功能。

标准与规范问题。目前,在信息数字化标准规范方面存在的问题主要有以下几个:(1)缺乏对标准规范重要性的认识;(2)缺乏普遍接受和广泛应用的关键标准规范;(3)缺乏对标准规范建设的系统化把握;(4)缺乏对标准规范的开放描述和开放应用;(5)缺乏开放、联合、共享的标准规范建设与应用机制,如图书馆在信息资源建设过程中所采用的软件系统差异很大(如ILAS系统、图书馆集成系统等),其标准和格式都不一致,导致开发的数据库不能兼容,检索界面不一,检索途径也不同,检索语言也无统一的规范控制，无法在网上实现资源共享功能。

对于以上问题，信息数字化发展建议采取以下对策：加强特色数字馆藏建设。只有具有特色的数据才能赢得较高的网络访问频率，才具有资源共享的价值，也是各大数字图书馆以最小投入换取最大效益的文献信息共享模式。因此，在进行本馆的信息数字化建设时，除了需要全面考虑文献价值、用户需求、载体形态、技术可行性和著作版权等一般因素外，还需要科学而系统地考虑馆藏内容、馆藏特色，尤其是馆藏结构和馆藏级别。馆藏级别一般可以划分为永久保存级、服务级、镜像级和链接级四个基本层次。永久保存级馆藏是指具有确定的保存价值和用途，并具有唯一性的特色文献；服务级馆藏是指有用的和必需的虚拟馆藏；镜像级馆藏是指其他数字图书馆馆藏的拷贝，与永久保存级相同的是它们都是现实馆藏，与之不同的是它缺乏唯一性；链接级馆藏则是贮存于其他数字图书馆中的数字化信息资源，其内容较为广泛，与服务级馆藏相比，它与用户的相关性要低一些。只有通过这些特色数字馆藏的建设，才能真正优化馆藏文献的结构，加快馆藏信息利用，最大限度地避免重复建设工作，从而提高整个社会文献资源的保障水平和信息资源的开发利用效率。

（一）从信息源头加快信息数字化建设

文献信息资源的源头在出版社和出版商，每年都有数以万计的文献资源被出版系统数字化，这个资源如能加以利用，将是一笔巨大的财富。如果把信息数字化的生产重任交给出版商，将会带来很大的经济效益和社会效益：一方面可以大量减少信息资源重复数字化带来的人力、物力、财力的浪费；另一方面，信息资源数据库的建设者可以通过与出版社合作取得授权来解决信息资源建设、传播中的知识产权问题，既能保护作者的知识产权，又能照顾到出版商利益，同时还能让各类文化、科技的文明成果纳入数字图书馆，使其能为更多的人服务，创造出更大的价值。

（二）继续开发和利用先进技术

无论是从数字图书馆建设，还是从作为其一部分的文献信息数字化技术来说，技术问题仍然是制约信息资源共享的主要问题。数字图书馆是采用现代高新技术的系统工程，不仅需要立项研究开发新的应用技术，而且还需要各种高新技术成果的及时转化和应用。目前，信息资源数字化的关键技术在发达国家已趋于成熟，国外的数字图书馆工程为国内提供了可借鉴的经验，加强技术研发工作可以从以下几个方面进行：（1）从中国数字图书馆建设项目的实际出发，组织专人对信息数字化关键技术进行跟踪、研究、攻关；（2）借鉴引进适合我国国情的国外先进技术和先进产品；（3）集成和采用以国家计划为代表的国内已有的科技成果；（4）开发适合我们自己的先进技术，如电子信息处理技术、指引库技术、语音识别技术及信息媒介技术，同时规范有关技术标准。

（三）促进信息数字化建设的规范化和标准化

信息数字化涉及文献描述、组织和检索多个方面，要使工作顺利进行，各个数字图书馆之间要能够共建共享信息资源，就必须要统一标准，加强兼容性。因此，图书馆数字化建设要走资源共享的道路，必须打破各自为政的局面，各图书馆文献分类编目不统一，对资源共享造成很大的障碍。比如，在书目数据方面，数据不标准就不能保证用户能够从各个角度迅速、准确地检索资料。因此必须有一个数字图书馆全国中心，建立和健全全国数字图书馆使用的各种标准规范，协调规范资源库建设，解决信息数字化建设的标准化问题。根据标准，再由地区内、地区间各馆合作建库或由地区文献信息中心统一建库，各馆录用，最终达到全国的标准化。

（四）提高馆员的信息处理技术与研究人员的素质

随着信息资源概念的发展、文献信息数量和类型的增加，信息工作方式和手段的改进，图书馆的工作对象已不再局限于对传统纸质文献和某些缩微资料或视听资料的一般性收集、整理、组织、管理等工作，数字图书馆面临更多的信息载体和信息服务方式。例如，各种电子图书、网络信息资源和其他电子资料已成为数字图书馆采访和处理的主要对象，这对长期熟悉纸质文献的传统图书馆员来说就是一个巨大的挑战。同时，数字图书馆还会带来一系列需要解决的新问题，如知识产权归属品种和复本的比例、购书经费的分配等。在书刊分类和编目工作上，馆员的技术性处理工作会迅速减少，但会被赋予需要更多知识的素质能力才能完成的新任务。也就是说，他们可能参与更多的信息技术工作、文献信息研究和用户研究工作。总之，现在图书馆工作者应当是信息专家和信息工程师，是信息系统的设计者，也是信息用户的导航者。鉴于此，在提升数字图书馆馆员的素质上，一方面可以通过吸收一批计算机、通信、外语方面有特长的人才充实图书馆人员队伍；另一方面应加强在职人员的培训，提高其计算机、英语和专业综合素质，及时调整和优化他们的知识结构，以适应信息资源数字化建设的要求。

四、图书馆建设是高校文化的建设高地

大学本身是一个文化机构。大学水平的提升实际上就是文化的提升与建设，或者说高水平的大学必有一个高水平的文化与之相匹配，因此学校文化建设的任务就显得相当迫切。图书馆是一所大学的文化窗口和文化品牌，是一所大学的"形象大使"。作为学校文化建设的"头堡"和学校发展与形成核心竞争力的平台，图书馆在学校文化建设中有着责无旁贷的义务。

图书馆是最重要的文化场所。文化是一件"奢侈品"，正如哲学家卢梭所说，当一个人还在关注生存问题时，很难指望他有什么高尚的想法。一个人或一个团体，只有从"谋食"的阶段跨越到"谋道"的阶段时，才会有更深刻或更高尚的思考，才会考虑文化，才会把文化建设纳

入议事日程，犹如所谓的"盛世修书"之说。图书馆起源于古代富人的藏书，古代的图书馆实际上就是帝王或富人们的藏书楼，也叫"阁""殿""观""台""院""堂""斋""府"等，如西周的盟府，两汉的石渠阁、东观和兰台，隋朝的观文殿，宋朝的崇文院，明代的澹生堂，清朝的四库全书七阁、古越藏书楼等，图书馆就是以"藏书""文献"的形式为人类所保存与传承文化，从而促进社会的文明和知识的创新，所以说图书馆从一开始就具有文化的高起点。

图书馆文化是在长期社会实践过程中积淀而成的一个综合体系，反映为图书馆的群体意识、价值观念、行为准则及其他管理特征的集合，包括图书馆自身形象、图书馆群体形象和图书馆公众形象。这些形象既包括有形的、可见的物质，如建筑风格、图书馆标识、环境、设施等，更包括无形的、看不见的精神，如办馆理念、服务宗旨、规章制度、创新精神、开拓精神、员工素质等。

图书馆的文化魅力主要是通过文献价值、服务品位、馆员人格来呈现出来。首先图书馆是文献、知识、信息的记忆装置和扩散装置，图书馆文化的增值与扩散是通过文献的充分利用实现的。所以图书馆总是采取多种方式充分揭示和宣传馆藏文献信息资源，面向师生适时开展关于对文献、知识信息查询、检索、获取与利用知识与素质的培训，为师生更好地利用文献信息资源搭建便捷、高效的信息服务平台。图书馆的服务是文化层次的反映，图书馆文化建设实际上也是提高服务层次的过程，如何让师生员工更满意是文化建设最重要的考虑内容。当然最大的文化魅力是图书馆员这一文化载体，图书馆员是图书馆的灵气、魂魄、精神，是图书馆文化的传播者和创造者，正是图书馆员的素质决定了图书馆的文化。

作为文化场所的灵气、魂魄和精神，图书馆员是文献、知识信息资源的宣传员、咨询员和导航员，图书馆员必须要有自己独特的文化素养，这种素养要求表现为图书馆员有知识学习、素质训练和道德修养的具体要求。知识学习是图书馆对图书馆员的基本要求。职业的图书馆员的知识素质包括系统的图书馆学专业知识、某一背景的学科专业知识、信息技术应用知识。除此之外，图书馆员还应具备宽泛的学科文化知识。职业的图书馆员并非人们误解的"索书匠"，而是知识宽泛的"博学者"。只有这样，才能应对更多的非特定用户的需求。职业图书馆员要掌握将非特定的信息知识与非特定的用户建立连接的素质。这些素质大体包括选书（信息采集）、整序（信息开发）、组织（信息组织）、信息咨询、信息评价、用户沟通。也就是说，职业图书馆员不是简单地带读者到特定位置去取读者需要的书，而且还要为读者提供有价值的选书建议（包括各种相关的知识信息源），帮助读者选取到比读者自身意向更满意的文献（知识信息），同时还需具备与读者共同讨论该领域信息的能力。图书馆员的道德修养也称职业伦理，通常是由职业规范与职业精神构成的。职业规范是职业人正确处理与其自身职业相关的各种社会关系的总和。职业精神是职业使命、职业责任、职业纪律、职业态度、职业情感、职业作风等相互作用而形成的一种核心价值观，是统领和激励图书馆员发挥主观能动性、尽职尽责办好职业角色的内在精神动因。

另外，图书馆员要有自觉的文化意识，在多元、多变、多样的社会背景下，面对浮躁、功利多重的诱惑，每一个人都容易对应当坚持的价值观产生偏移。而对多重的文化选择，要求图书馆员有一个清晰强烈的文化自觉。所谓文化自觉是生活在一定文化中的人对其文化的自知之明，要明白它的来历、形成过程、所具有的特色和它的发展趋向。自知之明是为了加强对文化转型的自主能力，取得适应新环境、新时代文化选择的自主地位。文化自觉就是文化的自我觉醒、自我反省、自我创建。图书馆员要自觉弘扬社会主义核心价值观，树立起正确的图书馆价值理念。要自觉地讲文化、讲品位、讲贡献、讲责任、讲道德，通过自身工作积极性、主动性、创新性的发挥，以实实在在的业绩证明个人价值的实现与图书馆的价值、高校价值是一致的，从而彰显图书馆的文化品位和价值力量。

文化需要不断创新。文化是历史积淀的价值体系。文化的形成和历史所处的阶段密不可分。图书馆有量化管理和目标管理的传统，前者促进了图书馆业务管理工作的规范化和标准化，后者又为图书馆的各项工作提供目标导向和目标激励，形成了图书馆特有的定额管理文化、精细管理文化和目标管理文化，这些都是我们宝贵的文化传统。但是任何文化都有两面性，如定额管理有时会强调了"量"而忽略了"质"，忽略了有些工作的质量是靠馆员自身的道德与良心来提升和保障的，同样它也不利于工作人员奉献精神和团队精神的培养，所以文化建设是对历史积淀不断传承、反思、批判、整合、吸收、创新的复杂过程。

如今图书馆已经不是单一的文献中心或信息中心，它已经是一个文化遗产宝库、文化信息中心、文化休闲中心，是每一个师生员工终身学习的学校，更是高校校园文化发展的基础。图书馆的管理已经进入知识管理的时代，它不是把图书文献当作"物资"而是"知识"在管理，不是把职工当作"人手"而是"主体"在管理，不是把读者当作"服务对象"而是"知识获取者"在管理。这种管理是以实现知识的价值和创新知识为目标，围绕以知识的增值和读者的需要为中心而开展的管理，需要我们不断去客观审视、理性把握、扬长避短、创新发展，这种管理呼唤着图书馆新的文化。

图书馆文化建设既有环境的美化，也有文化的装饰，有标识系统、学术讲座、制度规范，也有服务要求，但首要的或更多的是图书馆人对人生价值的追求。图书馆就是要通过以上的文化建设向每一个师生员工传递信任、负责、自尊、自重、自律、关爱、助人的高尚价值取向，向读者传播认真工作、开拓创新、努力进取的人生态度，弘扬高校文化价值的主旋律。高校是一棵树，它通过人才培养、科学研究和社会服务正在不断为社会、为国家结出丰硕的果实，在这棵树上，鲜花、绿叶和枝干都在发挥着各自的作用，图书馆在哪儿呢？它的位置在地下，图书馆是高校这棵树的根须，但它也应当成为高校文化建设的高地。

第六章 大学生素质教育研究

第一节 素质教育概述

素质教育是具有鲜明时代特征和重要理论价值的命题。当前，新的形势和任务迫切需要我们立足于建设创新型国家、构建社会主义和谐社会、全面建设小康社会的总体目标，把提高全民族的整体素质放在更为重要的地位，在新的时代背景下去深入探讨素质教育的思想和理论内涵，进一步增强素质教育的实效性和可持续性。

一、素质教育的形成与发展

素质教育及其理论在我国出现并受到重视，具有深厚的实践基础、社会背景和时代背景。

素质教育是我国改革开放实践，尤其是教育改革发展实践在教育理论创新和观念更新上的产物。素质教育是不断发展的观念，素质教育理论也是不断丰富发展的理论。

（一）素质教育思想的萌芽

素质教育思想萌芽于两千多年前的世界文明古国。孔子从培养完善人格的角度出发，认为培养人才的最高标准是智、仁、勇、艺、礼、乐六方面齐备。亚里士多德从人由灵魂和肉体两部分组成的角度出发，认为培养人才要德、智、体和谐发展。

近现代思想家、教育家也提出了一些素质教育的思想。例如，马克思认为未来教育对所有已满一定年龄的儿童来说，就是生产劳动同智育和体育相结合，它不仅是提高社会生产的一种方法，而且是造就全面发展的人的唯一方法。又如，蔡元培针对封建教育中落后、愚昧的观念，强调"国民教育、实利主义、公民道德、世界观、美育"五育，是"今日之教育所不可偏废也"，大力倡导人的发展应该是和谐、健全的。

（二）素质教育的提出

素质教育概念的提出并形成是在20世纪80年代后期。原国家教委副主任柳斌于1987年在《努力提高基础教育的质量》一文中使用了"素质教育"一词。此后，有学者撰文从学理上探讨了素质教育问题。

与素质教育同时出现的一个概念是"应试教育"。"应试教育"指的是那种脱离人的发展和社会发展的实际需要，单纯为应对考试而争取高分，片面追求升学率，违背教育规律的一种教育训练活动。因而，教育理论界通常都将"应试教育"打上引号，作为贬义词去使用。

这一阶段，教育理论界主要从社会和人的发展的需要出发讨论素质教育的意义，从马克思主义全面发展的理论层面探讨素质教育的理论基础，从素质教育与"应试教育"的关系角度分析素质教育的概念和内涵，从对素质的认识去确定素质教育的内容。

（三）素质教育的发展

20世纪90年代，我国改革开放和社会主义现代化建设进入新的发展阶段。这一阶段，国家从政策上加强了对素质教育的引导。教育理论界对素质教育进行了多角度、全方位和深入细致的研究。从理论基础方面，加强了对相关学科和相关理论的研究，如研究者从知识经济理论、终身学习理论、建构主义学习理论、人本主义学习理论、多元智能理论等理论中吸取营养，丰富了素质教育的理论内涵，认识到素质教育不仅要面向全体学生、全面提高学生的素质，还要培养学生的主体性、着眼于学生的终身发展、培养学生的健全人格等。从实践认识方面，学者们对素质教育与"应试教育"的关系，素质教育与个性发展、特长培养的关系，素质教育与考试、升学的关系等进行了深入探讨，并澄清了一些模糊认识。

（四）素质教育的深化

21世纪，知识经济成为主导型的经济形态，知识和人才、民族素质和创新能力越来越成为综合国力的重要标志，成为推动或制约经济增长和社会发展的关键因素。

随着社会的发展和教育理论研究的深化，对素质教育的研究又出现了一些新的角度，如从人作为活动主体的角度分析素质结构、从生命发展的角度阐释素质教育的价值、从经济学的角度诠释由"应试教育"转向素质教育的意义等。

进入 21 世纪，教育理论界立足于构建社会主义和谐社会，从科学发展观角度对素质教育重新进行了新的思考，如素质教育自身理论体系的完善问题、素质教育的均衡发展问题、素质教育实施的环境建设问题、素质教育的实践模式问题和素质教育的评价体系等问题，都受到了广泛的重视。

二、素质教育的内涵与要义

（一）素质教育的内涵

关于素质教育的内涵，教育界尚未达成共识，对其表述可谓仁者见仁、智者见智。现列出几种有代表性的表述。

（1）所谓素质教育，简言之，就是提高人们的自然素质和社会素质的教育。详言之，则是身体素质教育、政治素质教育、思想素质教育、美德素质教育、专业素质教育和心理素质教育的有机结合。

（2）素质教育是以开发学生身心潜能，完善和全面提高新一代合格公民应具备的基本素质为根本目的的教育。

（3）素质教育是以人类自身的身心素质为对象的再生产和再创造，

是人运用自身创造的物质文明和精神文明的历史成果去开发、塑造和完善年青一代身心结构与功能的社会实践方式。

（4）素质教育就是通过科学的、行之有效的教育途径，充分发挥人的天赋，提高人的素质；同时在某些本来不具备的或者是在心理或能力上有缺陷的方面，通过教育、实践、锻炼、培养，使之得到弥补和完善。

（5）素质教育是指以人为的调控方式使受教育者身心发展的环境与教育过程各种因素形成最佳组合，创造出使学生和谐发展的环境，从而促进受教育者素质由低级向高级不断完善的过程。

（6）素质教育是依据人的发展和社会发展的实际需要，以全面提高学生的基本素质为根本目的，以尊重学生个体性和主动精神、注重开发人的智慧潜能、注重形成人的健全个性为根本特征的教育。

（7）素质教育是以促进学生身心发展为目的，以提高国民的思想道德、科学文化、劳动技术、身体心理素质为宗旨的基础教育。

（8）素质教育是为实现教育方针规定的目标，着眼于受教育者群体和社会长远发展的要求，以面向全体学生、全面提高学生的基本素质为根本目的，以注重开发受教育者的潜能，促进受教育者德、智、体等方面生动活泼地发展为基本特征的教育。

上述几种表述，有的运用了教育学中教育的表述，有的则是从便于操作的角度出发来揭示其概念的内涵。这些定义虽然表达不一，却都强调了素质教育的根本目的是全面提高全体学生的基本素质，强调要依据社会发展和人的发展的实际需要开发人的智慧、培养学生的个性品质。

素质教育的内涵可从多个角度来理解。

从教育目标的角度看，素质教育以全面培育和提高受教育者综合素质为目的，以培养学生的创新精神和实践能力为重点，造就德、智、体、美、劳全面发展的合格公民。

从教育功能看，素质教育是依据人的发展和社会发展的需要，以全面提高全体学生的基本素质为根本目的，以尊重学生的主体地位和主动精神、注重形成人的健全个性为根本特征的教育。

根据前面对素质概念的理解，同时综合各家之说，我们可以将素质教育的内涵界定为：素质教育是教育者基于个体发展和社会发展的需要，利用各种有利条件，通过多种有效途径，以适当的方法去引导全体受教育者积极主动地、最大限度地开发自身的潜能，以培养受教育者创新意识、创新精神和创新能力为重点，以提高受教育者整体素质并实现个性充分而自由发展为最终目的的教育。

（二）素质教育的要义

素质教育有三大要义：一是面向全体学生，二是全面发展，三是让学生主动发展。

1. 面向全体学生

素质教育提出的"面向全体学生",是针对"应试教育"面向少数尖子生的片面、被动发展而提出的,体现了面向全体学生并使学生德、智、体、美全面发展和主动发展的现代教育思想。它着眼于全体学生的发展,认为促进每个学生的发展是基础教育,尤其是义务教育的宗旨。

素质教育的三大要义将"面向全体学生"放在第一位,这既顺应了未来教育的发展趋势,也是国家对人才需求的必然。中国是一个发展中国家,人口众多,经济发展不平衡,多种所有制经济和多种生产方式并存,技术层次参差不齐,在经济上呈多元化格局。作为基础教育,其面临的任务既要瞄准知识经济的需要培养高素质尖端人才,又要为农业经济、工业经济培养人才和合格的建设者。因此,实施素质教育必须要面向全体学生,认清每个学生的优势,开发其潜能,培养其特长,使每位学生都具备一技之长,使全体学生各自走上不同的成才之路,成长为不同层次、不同规格的有用人才。

2. 全面发展

素质教育是在教育方针指导下,从学生身心发展不同特点出发,因地、因校制宜,着眼于教育教学全过程与各个环节,运用多种方式着力培养学生学习的主动性和创造精神,德、智、体、美、劳五育并举,促进学生生动活泼地全面成长。

1993年,联合国教科文组织在北京召开的"面向21世纪的教育"国际研讨会就将"高境界的理想、信念与责任感,强烈的自主精神、坚强的意志和良好的环境适应能力、心理承受能力"列为21世纪人才规格的突出特征。

毫无疑问,我们的教育必须着眼于21世纪人才规格的要求,促进学生全面发展,提高他们的整体素质,从而适应未来的需求。

3. 主动发展

主动发展既是一种个性教育,又是一种创新教育。素质教育理论认为,由于人的个体先天素质、后天环境和教育影响的不同,学生的素质结构不可能千篇一律,因此实施素质教育就是要把发展学生个性列为重要培养目标,提倡"让学生主动发展",尊重学生的主体地位,调动学生的积极性,全面观察分析每个学生,善于发现和开发学生潜在素质的闪光点,因材施教,给学生创造一个自主的发展空间,使他们的个性得到充分、自由的发展。主动发展允许学生在发展程度和素质结构上存在差别,这既是对"人"的尊重,也是知识经济和未来社会对人才素质的又一特殊要求。知识经济时代的市场竞争已经成为设计人员在工作间里的创意竞争,谁能设计出个性化的、适应不同层次消费者需要的产品,谁就能在市场竞争中取胜。个性化的产品离不开个性化的人,个性化的人离不开个性化的教育。创新是素质教育的灵魂。

素质教育要求教育者以人为本,尊重、关心、理解和信任每一个学生,在向学生传授知识的同时"授之以渔",教会他们终身学习的本领;同时,强调培养学生的创新意识和创造能力，将学生培养成有潜能、有才华的人，使他们具备不断创新、不断发展的竞争能力和可持续发展能力。

三、素质教育的理论基础与理论支柱

（一）素质教育的理论基础

素质教育起因于我国教育体制改革不断向纵深发展，使教育现代化内含素质化的本质要求。因此，应从理论上对素质教育问题进行深入探讨，找到其站得住脚、深入下去的根据并使之能够走向科学化，以作为素质教育实践的指导。

一般认为，素质教育理论具有以下几个方面的理论基础：

1. 哲学基础

这是素质教育的科学指导思想。

首先，马克思主义关于人的本质的认识决定了素质教育的本质。

其次，马克思主义关于人的全面发展学说为研究现代社会与人的发展提供了科学的世界观和方法论。

2. 心理学基础

这是素质教育实施的心理保证。

心理学理论从多角度、多层面揭示了人的潜能和素质构成以及素质表现与实现的主体条件。比如，多元智能理论强调智能是多元化的，其中包括音乐智能、身体运动智能、数学逻辑智能、语言智能、空间智能、人际关系智能、自我认识智能等。对教学来说，这些智能既可以是教学的内容，也可以是与教学内容沟通的手段与目的。

3. 人才学基础

这是素质教育目标的具体化。

首先，人才学理论中关于合格人才、专门人才、杰出人才三类人才的划分以及对人才的成才规律的揭示，给素质教育的实施以有益启示。

其次，人才学中关于人尽其才的研究表明，所谓人尽其才，并不仅仅是尽其现有之才，还必须不断提高其潜在的才能。

4. 未来学基础

这是素质教育的发展方向。

第一，素质教育的立足点是面向未来，因此应让学生适应未来发展的需要，应由传统教育向现代教育转化，即由注重经验的传统教育向注重信息知识的未来化教育转变。

第二，素质教育必须注重培养既关心现实又关心未来，有深谋远虑，为未来铺路，为后人造福的外向型开拓性人才，培养勇于进取、善于创造、具有极强应变能力的人才。

第三，素质教育必须坚持开放，面向世界、面向社会、面向一切有利于教育的方面持续发展。

5. 教育学基础

这是素质教育实施的根本依据。

教育学理论基于社会学和心理学的理论成果,一方面发现人的发展的可能性;另一方面又揭示教育和培养人的合理性与可行性,为素质教育提供了最直接的理论支持与滋养。教育本质与功能研究运用新视角、新观点对素质教育的推进提供了更为有力的理论依据。

6. 社会学基础

这是素质教育的现实要求。

素质教育是现代教育,其广阔背景是我国的基本国情。

无论是当代教育还是未来教育,都应是一种全面提高人类自身素质的方法。

素质教育应是一个网络化的教育体系,它不仅仅指学校教育本身,还应被包含在家庭教育、社会教育之中。

1972年,联合国教科文组织发表国际教育委员会的报告《学会生存——教育世界的今天和明天》,深刻分析了新的科学技术革命对人类活动的影响,认为人类正在走向学习化社会,每个人必须终身不断地进行学习,才能适应科学技术的发展和社会的变革,终身教育是学习化社会的基石。

7. 系统科学及其他科学基础

这是素质教育的系统思维基础和其他理论基础。

系统科学为素质教育目标设计与功能的整体优化奠定了理论基础。

另外,有些相关理论具有拓展思维、开启新视角的作用。例如,人力资本理论把人作为人力资本来看,在对人的发展提出新要求的同时,也凸显了人的素质因素在经济增长中的作用;可持续发展理论从代际和本代人可持续发展的角度,要求教育对人的素质培养超越维持性状态,进入发展型教育的境界。

(二)素质教育的理论支柱

1. 教育人本论

素质教育的提出,与20世纪80年代我国教育人本论的形成是分不开的。教育人本论的基本思想是强调尊重、关心、理解与相信每一个人,主要内涵是发现人的价值、发挥人的潜能、发展人的个性。

我国教育人本论的形成主要来源于以下三个方面:

一是马克思主义关于人的学说,它是我国教育人本论的理论基础或指导思想。众所周知,马克思主义十分重视人的因素,它科学揭示了人的本质。它承认人的价值、人的尊严、人的主体地位;强调人的个性的充分和自由的发展,并把人的全面发展与彻底解放作为终生的奋斗目标,认为"历史不过是追着自己目的的人的活动而已"。

二是我国古代儒家的"人本"教育思想传统。我国古代几乎所有的思想家、教育家都主张把人与动物区别开来,认为人为万物之灵,人最为天下贵。这种"人贵"论即人有价值的观点，就为儒家的"人本"教育思想奠定了基础。儒家的"人本"教育思想不仅认为人类有价值，而且肯定个人也有价值。一方面是要求尊重人，"三军可夺帅也，匹夫不可夺志也"。另一方面是要求发展学生的个性，主张按照学生智力与性格的个别差异，循循善诱，因材施教。

三是现代西方人本主义教育思想的影响。毋庸讳言，西方人本主义教育思想传入我国之后，对我国的教育改革确实产生了一定影响。但是也必须看到，任何一种外来的思想，如果不把它置于本国占主导地位的思想的指导之下，不让它与民族的优秀传统思想相结合，它就不可能扎下根来，当然也就谈不上开花与结果，西方人本主义教育思想也不例外。

2. 全面发展理论

马克思主义关于人的全面发展理论关注人的"智力"和"体力"的全面、自由、和谐发展，就是强调人的发展的基础性素质。这一理论作为素质教育的理论基础，支撑和印证了素质教育所倡导的价值目标。

马克思主义关于人的全面发展的学说，是素质教育的基本理论基础。概括马克思、恩格斯提出的人的全面发展学说，其基本内容包括两个层次，即人的身体和精神的全面、充分而自由的发展及人的活动能力（首先是生产活动能力）的多方面发展。

马克思主义关于人的全面发展学说提倡的是每个人的全面发展，而素质教育为每个人的发展都提供了某种可能性的基础。素质教育是从人的差异出发，通过教育过程，使每个人的素质在原有基础上得到发展与完善。

素质教育是全面发展教育的落实。所谓全面发展教育，就是人的素质全面提高。素质教育同"五育"不是并列的关系。素质教育是总体，一切教育都应当归结为素质教育；"五育"是进行素质教育、提高人的素质的几条相对独立而又密切联系的途径。

全面发展教育是素质教育的途径。素质教育的根本目的就是要全面提高和发展所有学生的各种素质，要达到这一目的只有抓住全面发展教育。德育、智育、体育等绝不是全面发展的对象，它们只是促使人们获得全面发展的几种不同的途径，是提高学生素质的素质教育的途径。而且，作为全面发展教育，绝不应只限于德育、智育、体育几个方面。随着社会的进步、科学文化和教育事业的发展，其途径还应当有所发展、有所补充，后来又补入了美育和劳动技术教育；再后来，我们又逐渐认识到了心理教育（包括心理咨询、心理治疗、心理训练、心理辅导等）的重要性和必要性。这是我国十多年来教育改革取得的一项重大成果。心理教育的根本目的，就是要培养和提高学生的心理素质。要完成这项任务，也必须实施专门的心理教育，它不是德育或智育等所能替代的。

3. 心理内化论

凡是外部的客体的东西转化为内部的主体的东西，就叫作心理内化；

它与外化紧密相连,是同一过程的两个不同侧面。从学校角度看,内化主要有三种:道德内化、知识内化和智力内化。只有抓好这三种内化,才能有效地实施好素质教育。以心理内化论为关键来加强素质教育,就是要着重抓好三大"内化",即道德内化、知识内化与智力内化。

4.学生主体论

学生是教育过程中的唯一主体,要求教师自始至终把学生当主体去看待。这是学生主体论之真谛。它以辩证唯物主义为指导思想,以心理内化论为心理学依据,主张学生主体地位与教师主导作用的辩证统一。以学生主体论为前提来有效实施素质教育就是要按照学生主体论的要求,在尊重学生主体地位的前提下,通过调动学生的积极性,以达到发挥学生主体作用的目标。

5.IN 结合论

IN 结合论即智力因素与非智力因素结合论。它显然含有三个关键词,即智力、非智力因素、智力与非智力因素的关系。而反映 IN 关系的智力与非智力因素相互依存、相互制约的规律,则是构成 IN 结合论的客观基础。以 IN 结合论为抓手来推进素质教育,就是要按照 IN 结合论的要求,抓一个"两结合",即智力与非智力结合;抓两个"三结合",即外因、智力与非智力结合,知识、智力与非智力结合。它们有重叠之处,任何一种不同的结合,其性质与作用都将会产生不同的变化。

四、素质教育的主要特征与素质教育的若干关系

（一）素质教育的主要特征

1. 教育对象的全体性

广义上说，教育对象的全体性是指面向全体国民，要求每个社会成员都必须通过正规的或非正规的渠道接受一定时限、一定程度的教育，以达到提高全体国民素质的目的。

狭义上说，所有适龄青少年都要接受学校教育，不得因种族、民族、性别、出身、宗教信仰、经济等因素而限制或剥夺其受教育的权利和义务。具体到学校和班级，则必须面向全体学生，不得人为地忽视对任何一个学生素质的培养与提高。素质教育作为一种以全面提高全体学生的基本素质为根本目的的教育，是与应试教育的"选择性"和"淘汰性"相对立的。素质教育必须面向全体学生，使每个学生都具有作为新一代合格公民所应具备的基本素质，这就从教育对象上规定了素质教育的基本性质。教育对象的全体性是素质教育的最基本特征。

素质教育的全体性要求我们：一方面必须使每个学生在原有基础上得到应有的发展；另一方面必须使每个学生在社会所要求的基本素质方面，达到规定的合格标准。

2. 教育内容的基础性

关于基础教育的任务，"双重任务"在我国一直占据主导地位。在许

多人看来，小学教育的任务是升初中，初中教育的任务是升高中，高中教育的任务是升大学。中小学教育的功能似乎就是要使尽量多的学生升入高一级的学校，"升学"成了学校、家长、社会追求的唯一目标。相对于专业性、职业性的定向教育而言，中小学素质教育的内容是基础知识、基本技能、基本观点、基本行为规范、基本学习生活能力等方面的教育，主要是让受教育者拥有"一般学识"，而不是"一技之长"；是为人的生存与发展激发潜力的教育，是为提高全民族素质、未来劳动者素质和各级各类人才素质奠定基础的教育，而不是进行某一专业或职业的特殊训练。素质教育是"为人生做准备"，即"为人生打基础"的教育。正如美国著名教育家赫钦斯所说，重要的是要通过学校教育奠定做一个自由的和负责的人的基础，这就从社会经济发展对人的素质的基本要求上规定了素质教育的性质。

素质教育的基础性要求我们，一方面必须使学生所接受的教育内容是当代社会要求每一个公民所必须掌握的；另一方面从社会发展的角度必须让每一个学生掌握"学会做人、学会学习、学会健体、学会劳动、学会审美"等基本技能。

3. 教育目标的全面性

素质教育的目标，就是党的教育方针中所规定的"德、智、体、美等方面全面发展，素质教育目标的全面性是由人的发展和社会发展的需要所决定的"。我们应重视德、智、体、美等方面素质的互相联系、互相渗透与制约,致力于促进学生全面而和谐的发展,不可重彼轻此。素质教育促进学生发展的全面性应把握好以下两方面的规定性:

其一,对个体来说,既要保证全面而和谐地发展,又要使其个性得到充分发展。

其二,对群体而言,既应保证他们全面和谐地共同发展,又允许群体中的个体之间的发展存在相对的差异性。

全面发展并不等于每个受教育者都均衡发展或同步发展,而应该是每个受教育者的最优化发展,使每个受教育者在外部提供的条件的基础上都能获得最大可能性的发展。

素质教育的全面性要求我们,一方面必须使每个学生在道德素质、科学文化素质、身心健康素质等方面都得到应有的发展;另一方面必须使每个学生的素质结构得到协调发展和整体优化。

4.教育机制的内化性

素质的先天性与习得性,决定了素质教育的形成机制,主要体现为内化机制。先天素质是内在的,是与生俱来的;后天素质的形成,在于将外在的环境与教育影响因素和要求"内化"为学生个体的稳定的素质。外在的影响只有通过主体的内化,即变客观经验为主观经验,并形成相应的能力,进而成为稳定的心理特征,才能形成素质。素质教育的基本功能即在于促使学生稳定的素质的内化与形成；但这种内化是学生主体主动地进行的，是在已有的素质的基础上有选择地接受过程。

素质教育的内化性要求我们，把形成学生内在的稳定的心理品质和各种能力作为核心课题，把德育、智育、体育、美育、劳技教育各方面的教育要求内化为每个学生的素质。素质教育在某种意义上就是"素质化"教育，即把外在各种教育影响内化为学生个体内在的稳定的素质，使学生能够终身受益。

5. 教育过程的发展性

素质教育不仅重视学生知识和技能的掌握，更重视学生智慧、潜能和个性的发展。而这些素质单靠一般的"灌输"是难以奏效的。人脑科学研究的大量成果表明，人有巨大的潜能，现已开发的只占它很小的一部分。潜能就是每个人潜藏着的智慧才干和精神力量，被称为"沉睡在心灵中的智力巨人"和"每个人身上有待开发的金矿工"。

素质教育的发展性要求我们，必须要高度重视学生潜能开发和个性特长发展。一是教师要相信每个学生的发展潜能。每个人都有潜能，目前个体能力的高低很大程度上是个体潜能开发的程度不一样，而且绝大多数人的潜能没有得到充分的开发。二是教师要创造各种条件，引发学生的这种无限的创造力和潜能，使每个学生都有机会在其天赋所及的领域最充分地展示并发展自己的才能。

6. 教育空间的开放性

素质教育的教育空间具有开放性。课堂早已不再是单纯地灌输知识和机械地强化训练的场所，而是灵活安排与适当组合的生动活泼的开放性教育场所；教育不再局限于课堂和书本知识，而是积极开拓获取知识的来源和获得发展的空间，重视利用课外自然资源与社会资源，开展丰富多彩的活动，以利于学生素质的全面提高与和谐发展。

素质教育的开放性要求我们，一方面要拓宽原有的教育教学空间，真正建立起学校教育、家庭教育和社会教育相结合的教育网络；另一方面要拓宽原有的教育教学途径，建立起学科课程、活动课程和潜在课程相结合的课程体系。

7. 教育价值的多元性

素质教育的价值取向是多元化的。素质教育首先必须满足学生个体生存与持续发展的需要，使学生学会生存、学会学习、学会发展、学会做人、学会健体、学会审美、学会劳动、学会共同生活；其次，必须满足学生的兴趣、爱好，发挥其特长及潜能，使其个性能够得到充分而自由的发展，充满创造的活力。素质教育既重视个体实现个性化，又重视其实现社会化；既有利于个体适应社会，又有益于满足社会发展的需要。

教育价值的多元性要求我们，必须加强学生的世界观、人生观、价值观的教育与引导，使学生在受教育过程中能够确立正确的世界观、人生观、价值观。

8. 教育理论的实践性

素质教育是一种教育理论、教育思想、教育观念，其理论性很强。素质教育在我国的出现与推行，虽只有20多年的历史，但实际上，它继承了古今中外一切有价值的教育理论、教育思想、教育观念，反映了人类世世代代积累的丰富教育经验。当然，素质教育理论还不够成熟，还需要我们去不断探索、实践、丰富。同时，素质教育还是历代教育特别是当代教育长期实践的结果。素质教育思想来源于教育实践，反过来又指导着教育实践。这就是素质教育理论实践性特征的内涵。

教育理论的实践性要求我们，必须把素质教育付诸实践、全面推进。

（二）实施素质教育需要处理好的若干关系

1. 处理好社会需要与人才素质的关系

社会需要是不断变化的，学校教育在保持应有的前瞻性的同时，必须着眼于全面提高学生最基本的、长期起作用的素质，特别是与知识经济时代相适应的创新精神和实践能力，这样才能从根本上符合社会的需要。

2. 思想政治素质与其他素质的关系

思想政治素质是最重要的素质。各级各类学校都要把思想政治教育摆在重要地位，任何时候都不能放松和削弱。但思想政治素质的提高不能孤立进行，要把提高思想政治素质的德育和提高其他素质的智育、体育、美育有机统一在教育活动的各个环节之中，使各方面的教育能够相互渗透、协调发展，以促进学生的全面发展和健康成长。

3. 全面素质与重点素质的关系

素质教育要全面推进，但重点是培养学生的创新精神和实践能力，因为这是时代的要求，是提高民族竞争力的需要。全面素质是创新精神和实践能力的基础，创新精神和实践能力是全面素质的集中体现。在提高学生全面素质的基础上，特别要注意培养学生的创新意识、创新思维和创新能力，将其视为决定教育成败的关键。

4. 面向全体与鼓励冒尖的关系

素质教育要坚持面向全体学生，为全体学生的全面发展创造相应的条件；同时，必须鼓励和支持冒尖，鼓励和支持当领头雁，下功夫造就一批能站在世界科学技术前沿的学术带头人和尖子人才，以带动和促进民族科技水平与创新能力的提高。

5. 全面发展与培养个性的关系

人应当全面发展，但必须是有个性特点的全面发展，不能千人一面，用"一个模子"来要求和培养全体学生。素质教育是鼓励多样性的"因材施教"的教育，要注重去培养学生的个性，不拘一格育人才，这样才能形成人才辈出、群星荟萃的局面。

第二节　大学生素质与素质教育

当今时代，人类社会步入了一个科技创新不断涌现的重要时期，也步入了一个经济结构加快调整的重要时期。

发生于20世纪中叶的新科技革命及其带来的科学技术的重大发现发明和广泛应用，推动世界范围内生产力、生产方式、生活方式和经济社会发展发生了前所未有的深刻变革，也引起全球生产要素流动和产业转移加快，经济格局、利益格局和安全格局产生了前所未有的重大变化。

进入21世纪，世界新科技革命发展的势头更加迅猛，正孕育着新的重大突破。提升自主创新能力、建设创新型国家，需要我国高校培养一大批具有创新意识、创新精神和创新能力的高素质人才。

本节着重就大学生就业竞争能力的基本要素、大学生素质的基本问题、大学生素质教育的基本问题等进行一些探讨分析。

一、大学生就业竞争能力的基本要素

大学生就业竞争能力是指大学毕业生在校期间通过知识结构的优化和综合素质的培养获得能够实现就业理想、满足社会需求、在社会生活中通过竞争实现自身价值的本领。大学生就业竞争能力是大学生综合能力和可持续发展能力的集中体现，增强大学生就业竞争能力是高校实施本科教学

质量工程的重要内容。深化大学生就业竞争能力基本要素的研究，对于增强大学生就业竞争能力具有十分重要的作用。

大学生就业竞争能力包括专业能力、职业能力、创新能力、求职能力、适应能力等基本要素。其中，专业能力是基础要素，职业能力是发展要素，创新能力是核心要素，求职能力是载体要素，适应能力是支撑要素。

（一）专业能力是大学生就业竞争能力的基础要素

专业指高等学校根据社会分工需要而划分的学业门类，是按照社会对不同领域和岗位的专门人才的需要来设置的。

专业能力是指大学生在专业教育和专业学习过程中形成的运用所学专业知识和专业理论解决实际问题的本领，包括专业知识结构、专业学习能力、专业技术能力等要素。

专业教育活动是高等教育活动的主体活动，专业学习活动是大学生在校期间的主体活动。专业能力是大学生综合能力的基本要素，是大学生职业能力、创新能力和可持续发展能力的重要基础。用人单位选聘大学毕业生首先需要明确应该选聘哪个专业的毕业生，考察大学毕业生的专业能力。大学生的专业能力已经成为技术含量高的用人单位很看重的基础标准。因而，专业能力是大学生就业竞争能力的基础要素。

专业知识结构是指外在的专业知识、专业知识系列、专业知识体系在大学生头脑中的内在状况，即客观知识世界经过大学生的输入、储存、加工在头脑中内化形成的、由智力联系起来的多要素、多系列、多层次的专业知识综合体。某一功能的职业需要相关专业的知识结构,相近专业的知识结构适应相近功能的职业。专业知识结构在专业知识运用过程中发挥着跟转换器一样的载体作用。合理的专业知识结构有利于同化原有知识、概念而形成新观点、新概念,因而,大学生的专业知识结构越合理,专业能力和就业竞争能力就越强。

专业学习能力是指大学生在专业教育和专业学习过程中形成的系统掌握所学专业知识和专业理论、完成专业学习任务的本领,是大学生能否在大学期间和就业后持续有效学习专业知识和专业理论、优化专业知识结构的重要标志,是大学生增强专业能力、综合能力、可持续发展能力的基础。大学生专业学习能力的培养需要进行客观分析学习状况、有效把握学习环境、统筹安排学习任务、运筹管理学习时间、制订完善学习计划、优化选择学习方法、评估反馈学习活动、调节控制学习过程等多个环节的艰苦训练。用人单位往往十分注重考察大学生专业学习能力,因而,大学生的专业学习能力越高,专业能力和就业竞争能力就越强。

专业技术能力是指大学生在专业教育和专业学习过程中形成的运用所学专业知识和专业理论解决专业技术问题的本领,是大学生形成专业能力、职业能力、创新能力的基础。专业技术能力的形成具有很强的实践性,需要在专业实践中不断摸索、逐步提高、持续发展。用人单位往往会特别重视考察大学毕业生的专业技术能力水平，因而，大学生的专业技术能力越高，专业能力和就业竞争能力越强。

（二）职业能力是大学生就业竞争能力的发展要素

职业是人类社会根据经济与社会发展需要进行社会分工而形成的专门性工作领域。复杂性、系统性、知识性、技能性程度较高的职业，需要高等学校为其培养大批高层次、高素质的专业人才。

职业能力是大学生在专业教育和专业学习过程中形成专业能力的基础上，实现成功就业和从事职业工作所必需的本领，包括职业意识、职业素养、职业技能等要素。职业能力是大学生可持续发展能力的集中体现，用人单位往往十分注重考察大学生的职业能力水平，因此，职业能力是大学生就业竞争能力的发展要素。

增强职业意识是增强大学生职业能力的前提，需要实施全程职业意识教育。大学生职业意识的教育始于新生教育，职业意识的产生始于学业生涯规划，职业意识的形成始于职业生涯设计，职业意识的增强始于职业岗位实习。职业意识强不强、职业方向明不明，这些会直接影响大学生职业能力的储备和就业竞争能力的提升，甚至会直接影响大学生就业的成败。

增强职业素养是增强大学生职业能力的核心，需要实施全面职业素养教育。大学生职业素养的培育始于专业引导，职业素养的形成始于素质教育，职业素养的完善始于素质拓展。增强大学生的职业素养，身心健康素养是前提，科学文化素养是基础，思想道德素养是核心，专业创新素养是关键。用人单位往往会把是否具有良好的工作态度、是否大事小事都愿意做并且做好、是否具有亲和力、是否具有奉献精神和责任心、是否有较好的情商、是否具有良好的团队精神和协作能力、是否对单位忠诚和具有团队归属感、是否能够带着激情去工作等因素作为选聘人才的重要衡量标准。

增强职业技能是增强大学生职业能力的保证，大学生需要实施系统的职业技能教育。大学生的职业技能建立在专业技能的基础之上，主要包括运筹决策能力、组织管理能力、协调沟通能力、职业发展能力等要素。增强运筹决策能力是增强大学生职业技能的前提。良好的运筹决策能力，既可以使大学生做出比较合理的选择，也可以使大学生获得较大收获。增强组织管理能力是增强大学生职业能力的基础，随着经济全球化、知识经济化、全球信息化、学习社会化、国家创新化、组织团队化的不断推进，社会分工越来越强调综合与系统、团结与协作，需要大学毕业生具有较强的组织管理能力。增强协调沟通能力是增强大学生职业能力的重点，现代社会的进步和科学技术的发展，要求每个出色的社会成员必须要具备较强的协调沟通能力；用人单位需要的是能够运用自己良好的协调沟通能力与单位内外有关人员接触，能够合作无间、同心同德、完成组织的使命和目的的大学毕业生。增强职业发展能力是增强大学生职业技能的根本，良好的职业发展能力是大学生实现可持续发展的保证。

（三）创新能力是大学生就业竞争能力的核心要素

创新是指从旧的系统或未形成系统的形态中创造出新的适应发展需要的系统形态，简言之是推陈出新。创新是一个民族进步的灵魂，是国家兴旺发展的不竭动力。创新是一个单位可持续发展活力的源泉，是个体潜能充分发挥的标志。创新能力是一个人产生新认识、新思想和创造新事物的核心能力，包括智力性能力、非智力性能力、差异性能力等要素。在我国致力于提高自主创新能力、建设创新型国家的新时期，大学生创新能力的培养已经成为高校人才培养的核心。大学生的创新能力已经成为其实现成功就业、可持续发展的核心竞争能力，是大学生就业竞争能力的核心要素。

增强智力性能力是增强大学生创新能力的基础。智力性能力主要包括观察能力、注意能力、想象能力、思维能力、记忆能力五个要素，由此产生大学生创新能力培养的创新认识、创新思维、创新灵感、创新技能、创新方法五个要素。当前，大学生在创新认识、创新思维、创新技能、创新方法等方面都比较薄弱，因而，创新灵感也较难产生，需要我们加强创新知识教育、创新思维培养、创新灵感激发、创新技能训练、创新方法指导等方面工作。

增强非智力性能力是增强大学生创新能力的核心。非智力性能力包括动机、兴趣、情感、意志、性格五个要素，由此产生大学生创新能力培养的创新意识、创新动力、创新精神、创新毅力、创新人格五个要素。当前，大学生在创新意识、创新动力、创新精神、创新毅力、创新人格等方面都比较缺乏，需要我们去加强创新意识强化、创新动力激励、创新精神培养、创新毅力锻炼、创新人格塑造等方面工作。

增强差异性能力是增强大学生创新能力的关键。差异性能力包括学习能力、信息能力、创业能力、求异能力、实践能力五个要素。现代社会是一个分工高度发达的社会，在这样一个社会中，就业就是要找到适合自身分工位置，实现自身特长与社会需求在分工结构中的有机结合。而分工的一个重要特性就是工作性质的差异性。这种差异性客观上要求大学生的知识结构、能力结构、素质结构具有差异性或个性特点，这种差异性也体现在大学生具有"人无我有，人有我特，人特我优"等创新特质。大学生拥有了这种差异性，才会在就业过程中和就业后保持可持续发展能力和核心竞争能力。

（四）求职能力是大学生就业竞争能力的载体要素

求职能力是大学生在就业过程中赢得用人单位青睐所必需的各种相关能力的总和，其中包括自荐能力、表达能力、交往能力等要素。

大学生的就业过程既是一个求职应聘过程，也是一个形象展示过程。

大学生的求职能力体现在两个方面：一是对自己大学期间乃至20多年成长历程中所形成的知识结构、综合能力、综合素质做一个全面回顾，形成个体化的求职信和求职材料；二是在就业过程中充分展示自己的知识、能力、素质，赢得用人单位青睐并实现成功就业。用人单位主要凭借大学毕业生在求职应聘过程中所表现出来的求职能力和综合表现来做出是否录用的决定。因而，求职能力是大学生就业竞争能力的载体要素。

增强自荐能力是增强大学生求职能力的基础。自荐能力建立在大学生对用人单位情况的全面了解和对招聘信息内涵准确把握的基础之上，既体现在大学生对求职信和求职简历的精心策划，又体现在大学生在求职过程中自我形象的展示水平。正如商品的内外包装决定了它能否在激烈的市场竞争中站稳脚跟一样，大学生也要凭借自己的实力向用人单位大方又巧妙地推销自己，让自荐能力能够发挥恰到好处的效果。

增强表达能力是增强大学生求职能力的关键。求职者的表达能力既包括口头表达能力、文字表达能力、数字表达能力、图示表达能力等要素，又包括汉语表达能力和外语表达能力。大学生在校期间就要高度重视表达能力的培养，尤其要重视笔才和口才训练，因为笔才和口才是表达能力的集中体现。敢于动笔是练好笔才的基础，善于思考是练好笔才的关键；敢于开口是练好口才的基础，而善于谈话是练好口才的关键。

增强交往能力是增强大学生求职能力的保证。衣着的得体、神情的自信、态度的诚恳是求职者展示交往能力的要点。在对应聘者的考察中，交往能力还包括合理展现自我的能力，即求职者是否能够按照某一组织认可的成功标准去塑造自我形象，使用组织文化认可的语言并予以适度表现。

增强交往能力需要注意交往时大胆参与、与他人心理相融、诚实守信以及人格平等。

（五）适应能力是大学生就业竞争能力的支撑要素

适应能力是大学生在就业后实现提高就业质量目标所必需的各种相关能力的总和，包括应变能力、心理调适能力、抗挫折能力、独立能力等要素。适应能力也是大学生综合能力的客观反映，与大学生个体的思想观念、行为习惯、智能水平、身体素质、心理素质等密切相关。一个适应能力较强的人能够很快适应新的环境，即使是在较困难的情况下也能够变不利因素为有利因素，遇到问题时能及时看到问题的症结所在，并及时调动自己的能力和所学的知识，迅速发挥自己的潜能，制订可操作的方案，取得成功。大学生在就业后能否实现提高就业质量目标取决于其是否具有较强的适应能力，因此，适应能力是大学生就业竞争能力的支撑要素。

增强应变能力是增强大学生适应能力的前提。能否在最短时间内认同用人单位文化是检验大学生应变能力强弱的重要标志。每个用人单位的文化都是其生存和发展的精神支柱，大学生就业后只有认同所在单位的文化，才能与所在单位共同成长。用人单位往往会重点考察大学生求职心态与职业定位是否与本单位需求相吻合、个人的自我认识与发展空间是否与本单位的组织文化与发展趋势相吻合，都会把要求应聘者能够与本单位文化、团队氛围相融洽作为招聘人才的标准之一，都认为只有这样的大学毕业生才能够较快去适应本单位的环境并与本单位共同发展。因此，大学生在求职前要着重对所选择用人单位的文化做一些了解，并看自己是否认同该单位的文化；如果想加入这个单位，就要使自己的价值观与单位倡导的价值观相吻合，以便进入单位后能够自觉地把自己融入这个团队中，以单位文化来约束自己的行为，为单位尽职尽责。

增强心理调适能力是增强大学生适应能力的基础。心理调适能力与适应能力相互依存、相互作用、相互消长、紧密相关，而心理素质、就业期望值和就业心理准备是影响大学生心理调适能力的三大因素。有效的心理素质教育对于增强大学生心理调适能力具有重要的基础作用，积极调整就业期望值对于增强大学生心理调适能力具有重要的缓冲作用，做好比较充分的就业心理准备对于增强大学生心理调适能力具有重要的保障作用。因而，大学生需要从增强心理素质、调整就业期望值、做好比较充分的就业心理准备这三方面来有效地增强自己的心理调适能力和适应能力。

增强抗挫折能力是增强大学生适应能力的重点。人生挫折在所难免，抗挫折能力与能否适应新环境密切相关。多数大学生的家庭条件比较优越、成长环境比较和谐、人生经历比较顺利，没有经历过比较复杂的人生挫折。而当前的就业市场竞争十分激烈，社会职场的竞争也十分激烈，许多大学生就业后都会面临程度不同、大大小小的人生挫折考验。因而，大学生就业后的抗挫折能力与适应能力成正比，需要在校期间就有效开展抗挫折能力的锻炼，这样才能够有效增强大学生就业后的适应能力和就业质量。

增强独立能力是增强大学生适应能力的保证。大学生是否具有独立能力是其是否真正实现了个体社会化的重要标志，也是其是否真正具有较强适应能力的重要标志。这里的独立能力包括独立学习能力、独立生活能力、独立工作能力、独立交往能力等。用人单位往往十分注重考察大学毕业生的独立能力，以此判断大学毕业生的适应能力。因而，增强大学生的独立能力是增强大学生适应能力、可持续发展能力和就业质量的重要支撑。

二、大学生素质的基本问题

（一）大学生素质的内涵

大学生素质的内涵既具有人的素质内涵的普遍性，又具有其自身内涵的特殊性。大学生的素质内涵与中小学生的素质内涵、经过基础教育而未经过高等教育的成人的素质内涵是有区别的。中小学生的素质内涵是指其以先天遗传的禀赋为基础，在后天环境影响、基础教育作用下，通过社会实践与学习内化而形成的相对稳定的基本品质结构与质量水平。经过基础教育而未经过高等教育的成人的素质内涵是指其以先天遗传的禀赋为基础，在后天环境影响、基础教育作用下，通过后期社会实践与学习内化而形成的相对稳定的基本品质结构与质量水平。

大学生素质是知识内化和升华、能力拓展与提升的结果，是大学生所获知识和能力的内核，体现着学习和实践的成果，是大学生认识和改造主客观世界的力量源泉。在大学生素质发展过程中，学生处于主体地位，环境是主体发展的土壤，教育学习与社会实践活动是主要渠道。

从素质教育的角度，我们认为，大学生素质的基本内涵是：大学生以个体先天遗传的禀赋为基础，在后天环境影响，尤其是高等教育作用下，通过社会实践与学习内化而形成和发展起来的相对稳定的基本品质结构与质量水平。

大学生素质的上述内涵体现在以下四方面：

其一，体现在其先天遗传的禀赋与后天环境影响的结合上，大学生所处的高等学校环境对先天遗传禀赋的影响更加明显。

其二，体现在先天遗传的禀赋与高等教育作用的结合上，大学生所接受的高等教育对先天遗传禀赋的激发作用更加充分。

其三，体现在其先天遗传的禀赋与社会实践的结合上，大学生所进行的社会实践对先天遗传禀赋的联系更加紧密。

其四，体现在其先天遗传的禀赋与大学学习内化的结合上，大学生所进行的高层次创新学习对先天遗传禀赋的利用更加有效。

因而，大学生的素质结构会更加优化、素质水平更高。也就是说，大学生先天遗传的禀赋与后天环境影响、高等教育作用、大学学习内化的结合形成的相对稳定的基本品质结构会更加优化，质量水平更高。

（二）大学生素质的结构

大学生素质的结构建立在人的素质结构基础之上。通常，按先天因素与后天因素将人的素质分为先天因素占主导的素质、先天因素与后天因素结合的素质、后天因素占主导的素质三大类。其中，先天因素占主导的素质主要指身体素质；先天因素与后天因素结合的素质主要指心理素质；后天因素占主导的素质主要指养成素质，包括政治素质、思想素质、法律素质、道德素质、科学素质、文化素质等。

大学生素质具有内在性、稳定性、有机性、多样性、层次性、专业性等特点，因而大学生素质的结构既具有人的素质结构的普遍性，又具有其自身的特殊性。

根据人的素质结构的普遍性，大学生的素质结构虽然也同样包括思想道德素质、科学文化素质、身心健康素质三大类素质，但与同龄人相比，大学生的思想道德素质、科学文化素质、身心健康素质的内涵更丰富、层次更高、质量水平更高。与此同时，鉴于大学生综合素质内涵具有先天遗传禀赋的特殊性、后天环境影响的特殊性、高等教育作用的特殊性以及大学学习内化的特殊性，在深入研究的基础上，我们认为，大学生的素质结构还应当从思想道德素质、科学文化素质、身心健康素质中分离出一类与之相并列的素质——专业创新素质，它包括专业素质、学习素质、信息素质、创新素质、职业素质五种素质。

高等教育作用的特殊性拓展了大学生的素质结构，最明显的是大学生的专业素质、创新素质和职业素质。高等教育的根本任务是以专业教育为平台，为相应的社会职业培养创新型人才，这就涉及大学生的专业素质、职业素质和创新素质问题。

专业素质是指大学生在专业方面通过先天遗传的禀赋与后天环境影响、专业教育作用、专业实践与学习内化的结合而形成的相对稳定的基本品质结构与质量水平。

职业素质是指大学生在职业方面通过先天遗传的禀赋与后天环境影响、职业教育作用、职业实践与学习内化的结合而形成的相对稳定的基本品质结构与质量水平。

创新素质是指大学生在创新方面通过先天遗传的禀赋与后天环境影响、创新教育作用、创新实践与学习内化的结合而形成的相对稳定的基本品质结构和质量水平。

大学学习内化的特殊性拓展了大学生的素质结构，最明显的是大学生的学习素质和信息素质。大学阶段的学习不同于其他阶段的学习，大学阶段的学习更强调个体的信息化学习、自主性学习、研究性学习、提升性学习、创造性学习，是一种高层次的学习内化活动。

学习素质是指大学生在学习方面通过先天遗传的禀赋与后天环境影响、高等教育作用、学习实践活动的结合而形成的相对稳定的基本品质结构与质量水平。

信息素质是指大学生在信息方面通过先天遗传的禀赋与后天环境影响、信息教育作用、信息实践与学习内化的结合而形成的相对稳定的基本品质结构与质量水平。

在大学生素质结构中，身心健康素质是前提，若没有良好的身心健康素质，其他素质无法提升；科学文化素质是基础，若没有良好科学文化素质的支撑，其他素质难以提升；思想道德素质是核心，若没有良好的思想道德素质，其他素质提升缺乏正确的方向；专业创新素质是关键，没有良好的专业创新素质，创新型高素质人才无从产生。

在大学生专业创新素质结构中，学习素质是前提，信息素质是载体，专业素质是主体，创新素质是标志，职业素质是重点。同时，学习素质也是所有养成素质的元素质，没有良好的学习素质，其他养成素质都无以提升；信息素质是所有养成素质的载体，没有良好的信息素质，其他养成素质的提升就失去了基础；专业素质是所有养成素质的综合主体，没有良好的专业素质，高等教育就失去了意义；创新素质是所有养成素质的标志性体现，没有良好的创新素质，高等教育任务就无法完成；职业素质是所有养成素质的重要体现，没有良好的职业素质，大学生的可持续发展能力就得不到保障。

（三）大学生素质的状况

在高等教育大众化、国际化、优质化不断推进的过程中，我国大学生的素质状况呈现出良好的态势，大学生面临新形势、新要求、新机遇、新挑战，其知识结构不断优化、综合能力不断增强、整体素质水平不断提高，是基本适应社会主义现代化和社会主义市场经济发展趋势以及经济全球化、知识经济化发展潮流的。但是，由于主观和客观等原因，我国大学生的素质状况还存在不少薄弱环节，需要引起我们的高度重视。

1. 大学生科学文化素质状况

信息社会、就业压力、社会竞争给大学生带来了系统知识学习、综合能力提升的动力，促使大学生越来越重视科学文化知识的学习、越来越重视科学精神与人文精神的统一、越来越重视科学文化素质的提升。新时代大学生的科学文化素质状况总体上是好的，其希望增强科学文化素质的愿望也是迫切的。

在专业选择时更看重市场需求和就业导向，而忽视了自己的兴趣爱好，也忽视了如何构建合理的知识结构等问题，既容易出现科学基础薄弱或文化底蕴薄弱的现象，也容易出现科学精神与人文精神相分离、科学素质与人文素质相脱离等现象，从而导致一些大学生的科学文化素质不能适应经济与社会发展需要的状况。因而，通过完善人才培养方案、加强科学素质与文化素质教育等措施来有效增强大学生科学文化素质是一项十分重要的任务。

2. 大学生身心健康素质状况

随着全面建设小康社会的不断推进、人民生活水平的不断提高，大学生的身心健康素质也在不断提高，比以往也有所改善，但同时也出现一些新的问题。大学生的体能素质,从物理指标来看,发育情况好于以往,平均身高、体重、胸围等指标都高于以往大学生的水平,营养结构较为合理。但是,受社会政治、经济、文化的快速发展和社会转型等因素的影响,大学生的心理问题比较突出,主要表现为心理不稳定、缺乏安全感和认同感。有关统计分析表明,不同高校、不同大学生群体中存在不同程度心理问题的人数比例为10%~20%。因而,采取各种有效措施增强大学生身心健康素质也是一项十分重要的任务。

3.大学生专业创新素质状况

当今世界,正掀起一股新的技术革命的热潮,人类社会又一次面临一场新的挑战。科学、技术与社会相互作用以前所未有的形式呈现于世,其特点是生产大量知识,使得"知识生产力已经成为生产力、竞争力和经济成就的关键因素";也就是说,知识是经济发展的驱动力,生产要素已经不再仅仅是土地、劳动和资本。知识这种独特的生产要素与传统的生产要素相比,具有无限性的特点,它可以源源不断地被发明创造出来。当今社会,知识总量空前增长,并呈现出两个显著特点:一是知识量的递增速度越来越快;二是知识的陈旧周期越来越短。而已有知识需要通过学习来掌握,新的知识需要创新来产生,因而,大学生的专业创新素质显得越来越重要。

现在各高校都十分重视高素质、高水平、创新型的师资队伍建设,也十分重视大学生的专业创新素质培养,大学生对自身专业创新素质的提升也十分重视，因而，大学生的专业创新素质状况总体上是好的，但也存在一些不容忽视的问题。不少大学生的基础理论知识虽然比较扎实，但缺乏创新意识、创新精神和创新能力，遇到实际问题往往束手无策，不能很好地将理论知识与实际应用结合起来，实践动手能力较差，解决实际问题能力也不强。因此，切实采取各种有效措施增强大学生的专业创新素质包括专业素质、学习素质、信息素质、创新素质、职业素质，已经成为摆在高校师生面前的一项十分艰巨的重要任务。

三、大学生素质教育面临的基本问题

（一）大学生素质教育的内涵

我国实施素质教育是从基础教育开始的，因而只要提到素质教育，一般总是指基础教育领域的素质教育。素质教育作为根据社会发展需要，帮助受教育者去完善自我、提高综合素质、实现个性充分自由发展的教育，同样适用于高等教育。素质教育应当贯穿于幼儿教育、基础教育、成人教育、高等教育等各类各级教育，也应当贯穿于学校教育、家庭教育和社会教育等各个方面。

素质教育在不同阶段和不同方面应当有不同的内容和重点，相互结合，全面推进。大学同样是实施素质教育的重要阶段，和中小学素质教育一样，大学生素质教育也是人们在不断探索和实践的时代课题。成功的高等教育必须要真正提高大学生的综合素质，培养出适应时代发展的高素质人才。

事实上，大学生素质教育与中小学生素质教育是既有区别又有联系。因而，大学生素质教育的内涵既具有素质教育内涵的普遍性，又具有其自身内涵的特殊性。

大学生素质教育也遵循素质教育的三大要义：一要面向全体大学生；二要促进大学生德、智、体、美全面发展；三要促进大学生主动发展。

大学生素质教育要通过科学的、有效的教育途径，充分发挥大学生的天赋条件来提高综合素质水平，同时在某些基本不具备或者在心理和能力上有缺陷的方面，通过教育、实践、锻炼来培养、提高某方面的素质水平。

大学生素质教育也要全面贯彻党的教育方针，以提高综合素质为根本宗旨，以培养大学生的创新精神和实践能力为重点，造就"有理想、有道德、有文化、有纪律"的德、智、体、美全面发展的社会主义建设者和接班人。

大学生素质教育的重点是：一要培养大学生以创新意识、创新精神和创新能力为核心的创新素质；二要培养大学生以自主学习能力、自我学习能力、创新学习能力为核心的学习素质；三要培养大学生以心理承受能力、抗挫折能力、乐观处世能力为核心的健康素质；四要培养大学生以国际交流能力、人际交往能力、团结协作能力为核心的职业素质；五要培养大学生以信息意识、信息获取能力、信息处理能力为核心的信息素质。

大学生素质教育要致力于大学生四大能力的培养：一是学会求知的能力，即掌握认识世界的工具和掌握广博与专精结合以及由博返约的自主学习能力；二是学会做事的能力，即既有实际动手操作和处理信息的能力，又具备在复杂环境条件下运用知识解决问题的能力;三是学会共同生活的能力,即在承认多元化社会和尊重多样化价值观的现实基础上,相互了解、理解和谅解,学会在竞争中合作、在合作中竞争;四是学会生存与自我发展的能力,即充分发展个性,增强自主性、能动性、创造性和责任感,学会适应环境求生存,改造环境求发展。

综上所述,我们把大学生素质教育的基本内涵界定为:以全面贯彻党的教育方针为宗旨,以大学生个体发展和社会发展为目标,以培养创新精神和实践能力为重点,利用各种有利环境和条件,通过多种有效方法和途径,去引导全体大学生积极主动、最大限度地开发自身的潜能,完善知识结构、增强综合素质、提高可持续发展能力,成为"有理想、有道德、有文化、有纪律"的德、智、体、美全面发展的社会主义事业合格建设者和可靠接班人。

(二)大学生素质教育的结构与关系

大学生素质教育结构既有素质教育结构的普遍性,又有其自身结构的特殊性。

大学生素质教育的四大功能模块中,身心健康素质教育是前提,科学文化素质教育是基础,思想道德素质教育是核心,专业创新素质教育是关键。在思想道德素质教育功能模块中,思想素质教育是基础,政治素质教育是核心,法律素质教育是重点,道德素质教育是关键。在科学文化素质教育功能模块中,文化素质教育是基础,科学素质教育是核心,科学素质与人文素质相结合教育是关键。在身心健康素质教育功能模块中，身体素质教育是基础，心理素质教育是核心，身体素质与心理素质相结合教育是关键。在专业创新素质教育功能模块中，学习素质教育是前提，信息素质教育是载体，素质教育是主体，创新素质教育是关键，职业素质教育是重点。

（三）加强大学生素质教育的对策措施

根据大学生素质状况的调查分析结果、大学生素质教育需求的调查分析结果、制约大学生素质教育因素的分析结果，我们认为，需要采取以下对策措施来进一步加强和改进大学生素质教育工作：

1. 进一步提高对新形势下大学生素质教育重要性、必要性和紧迫性的认识

全面推进素质教育，大力提高全民族的素质，培养具有创新精神和实践能力的优秀人才，是全面推进现代化事业的必然选择，也是中华民族自立于世界民族之林的根本保证。大学生素质教育本身所具有的复杂性特点，决定了它是一项长期性的工作，必须要常抓不懈。在当前复杂的国际环境和社会大变革的时代条件下，只有坚持贯彻落实素质教育这一战略性教育方针，才能及时排除和战胜不正确因素的干扰，才能保证国家的路线、方针、政策能够落实到基层，才能保障社会主义现代化建设事业顺利进行。高等院校作为培养知识经济时代高素质人才的重要基地，必须从战略的高度和长远的角度出发，从思想上充分认识到加强大学生素质教育的重要性、必要性和紧迫性。

2. 坚持教师素质与学生素质共同提升，全面深入、有效推进大学生素质教育终取决于全体教师的态度

事实上，只要有教育存在，教育者自身的素质问题就始终会存在，没有高素质的教师就很难培养出高素质的学生。要增强大学生的素质，就必须同步增强教师的素质。

首先，要从加强师德建设入手，全面提高教师队伍的整体素质。应当把师德建设放到一个更加突出的位置，要引导教师自觉履行教师的职责和义务，树立正确的教师道德观、素质教育观、教育质量观、教育价值观，要引导教师热爱学生、热爱教育、严谨治学、为人师表、教书育人。

其次，要从加强教学研究入手，全面提高教师队伍的整体素质。我们应当把开展教学研究作为一项重要工作来抓，要引导教师研究素质教育理论、探索素质教育方法、拓展素质教育途径，并将素质教育研究成果应用于素质教育实践之中，以此推进素质教育的有效开展。

再次，要从加强教学技能入手，全面提高教师队伍的整体素质。我们应当把教师技能培训作为一项重要工作来抓，要引导广大青年教师潜心教学实践、积累教学经验、讲求教学艺术、改进教学方法、提高教学技能，努力培养学生的自主学习能力、信息获取能力、实践动手能力和创新创业能力。

最后，要从推进全员育人入手，形成推进素质教育的强大合力。要充分发挥出专业课教师、政治理论课教师、辅导员和班主任在大学生素质教

育中的指导作用。在实际教学中,要将这三支教学力量有机结合起来,切实承担起教书育人、管理育人、服务育人的光荣使命,把"传道授业解惑"的职责不仅体现于专业知识的传授,也体现在思想道德的引导上,使学生在搞好学业的同时能够积极参与各种活动,提高他们的综合素质。

3. 坚持科学素质与人文素质同步提升,促进大学生科学精神与人文精神的融合

科技与文化是现代社会文明的两大象征,是现代大学赖以生存与发展的两大支柱。现代大学必须实现由以科学教育为主向科学教育与人文教育相互融合的战略转变,以不断适应素质教育的现实要求。

高校的分科教育应当使科学教育与人文教育相互结合、科学知识与人文知识相互补充、科学精神与人文精神相互融合、科学素质与人文素质同步提升。

4. 坚持传统素质与现代素质综合提升,促进大学生综合素质的有效增强

随着时代的发展,一些能够有助于人们在现代社会生存与发展的其他素质(如信息素质、创新素质、竞争能力等)必须得到足够重视,从而使传统的素质标准能够得到丰富和发展,形成现代的素质标准。根据大学生素质教育的内涵、结构与要求,我们必须坚持传统素质与现代素质综合提升,促进大学生综合素质的有效增强。

为此,我们既要高度重视大学生政治素质、思想素质、道德素质、科

学素质、文化素质、专业素质、身体素质的教育，也要高度重视心理素质、学习素质、创新素质、职业素质、生活素质的教育，特别要高度重视大学生法律素质、信息素质、语言素质、交往素质的教育，从而实现传统素质与现代素质的综合提升。

5. 坚持第一课堂教育与第二课堂教育的同步开展，扎实推进大学生素质拓展计划

大学生素质拓展计划的基本内容是：以增强大学生综合素质为着眼点，以开发大学生人力资源为着力点，进一步整合并深化第一课堂教育活动以外的有助于学生提高综合素质的各项活动和工作项目，在思想政治与道德修养、社会实践与志愿服务、科学技术与创新创业、文体艺术与身心发展、社团活动与社会工作、技能培训与勤工助学等六方面引导和帮助广大学生完善智能结构，全面成长成才。

大学生素质拓展计划的实施原则是注重课内课外相结合，注重第一课堂与第二课堂相结合、学习与实践相结合。

大学生素质拓展计划的实施方式是围绕职业设计指导、素质拓展训练、建立评价体系、强化社会认同等四个环节，通过教学、课堂、讲座、活动、项目等丰富多彩的方式开展。

我们相信，只要上述对策措施能够落实到位，大学生素质教育就一定能够开创新局面，大学生综合素质一定能够得到有效增强。

第三节　素质教育与人的全面发展

素质教育概念的提出，极大地冲击着传统的教育观念，为基础教育的改革与发展注入强大的生命力。

一、面对未来的挑战

21世纪为深入展开的全球范围的新科技革命的时代，无疑将会更加深刻地改变人类的物质生产和精神生产领域。对此，美国未来学家、《第三次浪潮》的作者阿尔温·托夫勒从一个侧面描述未来这场新的全球性技术革命的特征：（1）信息化；（2）知识化；（3）分散化。对于这场世界性的新科技革命，人类无疑正面临着空前的发展机遇。但是，另一方面却又同时遭遇了前所未有的挑战。在未来社会，每个人都将面临如何生存的挑战。显然，缺乏知识技能或不能不断更新知识、技能的人是没有竞争力的。

二、克服人类的差距

消除人类差距的最好途径是学习。为消除人类的差距，必须要强调包括物质技术和精神道德两个层面的学习，使人们从学习中获得在一个变迁世界中必须具备的新思想、新观念、新态度、新技术、新方法，这是人类适应和应对未来冲击的先决条件。人类只有努力改造自身，克服应对社会日趋复杂化所产生的差距，才能克服当前存在的种种矛盾，从容地去迎接未来的种种挑战。

三、面向未来的教育体系

素质教育是全面发展教育的深化，集中体现在强调发掘人自身潜在的对发展有利的因素，并使这些因素的组合逐渐扩展和完善，即从人的素质出发，实现人的素质结构的优化和素质整体性发展。素质教育的意义正在于强调素质的结构化和教育过程的整体化，倡导的是和谐发展而非均衡发展，即强调德、智、体、美、劳各要素的优化组合，使之能够结构化，并承认学生的素质结构的差异，注重发现并开掘其潜能优势，以借助这种优势侧面去求得教育目标的落实。在促进学生和谐发展的过程中，素质教育特别重视心理素质的作用。

素质教育在强调全面整体育人观的同时，突出强调优化人的素质结构，促进各种素质和谐发展；注重潜能的开发，促进学生的个性发展，并通过潜能优势的发挥带动整体素质的提高，实现个性与共性的统一。显而易见，这是对全面发展教育思想的深化与发展，并且也为全面发展教育思想的具体落实提供了更为有效的行为模式。由此可以看出，素质教育的提出绝非全面发展教育的简单重复。

参考文献

[1] 兰美云.新媒体时代基于自身认知的校园文化建设与创新人才培养对策研究[J].新闻研究导刊,2024,15(5):223-225.

[2] 朱振林,刘红潇,吴卓.北大荒精神融入龙江地方高校校园文化建设研究[J].黑龙江教育(理论与实践),2024(3):18-20.

[3] 孙康康.基于新时代下优秀地方传统文化推动大学生素质教育路径探索[J].湖北开放职业学院学报,2024,37(4):45-46+58.

[4] 沈建华,李泽泉.继承与创新：后亚运时代校园文化建设[J].文化学刊,2024(2):189-192.

[5] 黄斯榆,陈弘菀.高校学生助力乡村校园文化建设的探索与分析[J].美术教育研究,2024(3):85-87.

[6] 温雪,李增华.数字化背景下高职院校校园文化建设途径研究[J].林区教学,2024(2):50-53.

[7] 周海燕.民办高校人文素质教育对学生就业的影响研究[J].中国就业,2024(2):87-89.

[8] 贺晴,梁军.新时代大学生心理健康及校园文化建设探究[J].湖北开放职业学院学报,2024,37(3):37-39.

[9] 董伟岩.以党的二十大精神为引领做好高校校园文化建设工作[J].中国军转民,2024(2):77-78.

[10] 陆小妹.校园文化建设视野下中学档案的功能、困境与优化路径分析[J].兰台内外,2024(3):72-74.

[11] 唐元超,马祥,黄海明,等.转设背景下独立学院校园体育文化建设的困境与策略思考[J].武术研究,2024,9(1):150-153.

[12] 柴让措.铸牢中华民族共同体意识视域下高校和美校园建设路径探析[J].青海民族大学学报(社会科学版),2024,50(1):26-31.

[13] 王志鹏.我国中小学学校文化研究40年：成就、问题与展望[J].西北成人教育学院学报,2024(1):87-95.

[14] 龙意格,方虹文.以文化节助推高职校园文化建设的思考：以湖北国土资源职业学院为例[J].科教导刊,2024(3):17-19.

[15] 董鑫.纸艺在校园文化建设中的运用[J].中国造纸,2024,43(1):185.

[16] 谢晓晖,谢金金.浅析校园绿化管理过程中存在的问题及其解决路径[J].现代园艺,2024,47(3):198-200.

[17] 史祝云.深刻理解习近平文化思想的"魂" 全面加强职业院校校园文化建设[J].社会主义论坛,2024(1):10-12.

[18] 侯步云,刘宁.校园文化建设推进党史学习教育的路径分析[J].世纪桥,2024(1):23-25.

[19] 李翠.我国大学生素质教育研究述评[J].西部素质教育,2024,10(1):74-77.

[20] 陈本锋.中华优秀传统文化融入高职校园文化的四个向度[J].职业教育研究,2024(1):57-63.

[21] 张梓逸.中华优秀传统文化融入高校校园文化建设[J].文化产业,2024(1):114-117.

[22] 雷凌云,赵晶,吴益群.航海精神融入交通职业院校校园文化建设路径的研究：以江苏航运职业技术学院为例[J].珠江水运,2023,(24):32-34.

[23] 孙玉娜.浅析新时代大学生素质教育的内涵和实施路径[J].公关世界,2023,(24):31-33.

[24] 陈澳.民族院校特色校园文化建设研究[D].广西民族大学,2023.

[25] 徐瑶.广西边境民族地区小学校园文化建设的个案研究[D].广西民族大学,2022.

[26] 林志城.文化强警战略下公安校园文化建设研究[D].中国人民公安大学,2022.

[27] 赵作斌.大学素质教育研究[M].北京:北京师范大学出版社,2021.

[28] 张景璇. 基于校园文化建设的大学校园规划设计策略研究 [D]. 东南大学, 2020.

[29] 宋伟. 社会主义核心价值观融入高校校园文化建设研究 [D]. 郑州大学, 2016.

[30] 张毅. 我国大学生文化素质教育问题研究 [D]. 陕西科技大学, 2015.

[31] 于田. 试论美育在大学生素质教育中的作用 [D]. 天津理工大学, 2015.

[32] 邵瑜. 高等中医院校大学生人文素质教育研究 [M]. 银川：宁夏人民教育出版社, 2014.

[33] 常鹏. 大学生素质教育研究 [D]. 山西农业大学, 2014.

[34] 许尚立. 关于大学生素质教育与人的全面发展的思考 [D]. 重庆交通大学, 2012.